Gary Chapman

DIE VIER JAHRESZEITEN DER LIEBE

Gary Chapman

Die vier Jahreszeiten der Liebe

francke

Über den Autor:

Dr. Chapman ist ein internationaler angesehener Eheberater und Autor vieler Bestseller. In den USA leitet er landesweit erfolgreiche Ehe-Seminare. Er und seine Frau Karolyn haben 2 erwachsene Kinder und leben in North Carolina.

Bibliografische Information Der Deutschen Bibliothek
Die Deutsche Bibliothek verzeichnet diese Publikation in der Deutschen Nationalbibliografie; detaillierte bibliografische Daten sind im Internet über http://dnb.ddb.de abrufbar.

ISBN 978-3-86122-781-6
Alle Rechte vorbehalten
Four Seasons of Marriage, German
Copyright © 2005 by Gary Chapman
German edition © 2009/2005 by Verlag der Francke-Buchhandlung GmbH
35037 Marburg an der Lahn
with permission of Tyndale House Publishers, Inc., USA
Deutsch von Ingo Rothkirch
Umschlaggestaltung: www.provinzglueck.com
Coverfoto: Getty Images
Satz: Verlag der Francke-Buchhandlung GmbH
Druck: Bercker Graphischer Betrieb, Kevelaer

www.francke-buch.de

Inhalt

Einleitung

Schnee liegt heute Morgen auf den kahlen Zweigen der mächtigen Ulme vor meinem Fenster. Ende Januar ist es endlich richtig Winter geworden in North Carolina. Die Schulen sind geschlossen, viele Menschen kommen nicht zur Arbeit und eine mächtige, weiße Decke liegt über der Landschaft. In meinem Büro aber ist es kuschelig warm. Ich sitze vor dem Kamin und denke nach.

Ich erinnere mich an den Sommer, als wir hier eingezogen sind. Die Ulme vor meinem Fenster rang damals mit dem Tod. Eine bei uns aus Asien eingeführte Weinranke mit kräftigem Wuchs drohte sie zu ersticken. In einiger Entfernung standen weitere Bäume, die im Lebenskampf bereits unterlegen waren. Ihr morsches Geäst lag am Boden verstreut und nur noch die Stämme ragten in den Himmel, vollkommen umrankt vom Wein mit seinem üppig wuchernden Laub. Der nächste Sturm würde sie alle fällen.

Zwar konnte ich für diese armen Gesellen nichts mehr tun, aber *meine* Ulme, die wollte ich auf jeden Fall retten. Mit einem scharfen Messer machte ich mich also ans Werk und schnitt rings um den Stamm alle Triebe des rankenden Weins durch. Nach getaner Arbeit zog ich mich zurück und überließ der Natur alles Weitere. Schon eine Woche später kräuselten sich die welken Blätter, und ich bildete mir ein, den Baum geradezu durchatmen zu hören.

Der Sommer ging zu Ende, es kam der Herbst und schließlich der Winter. Und dann im nächsten Frühjahr ließ die Ulme ihr frisches, grünes Laub sprießen, geradezu trotzig angesichts der immer noch ums Geäst gewundenen Ranken. Im Laufe des Sommers fiel das abgestorbene Holz ab und die Ulme bekam die Chance auf ein noch langes Leben.

Seitdem beobachte ich an ihr, wie die Jahreszeiten kommen und gehen. Im Frühling saugt sie den Landregen begierig in sich auf, die Sommersonne verleiht ihr Kraft und Stärke, im Herbst übergibt sie ihr Laub dem Wind, und im Winter hüllt sie sich in ein weißes Kleid.

Heute, da ich durchs Fenster hinaus in die karge Winterlandschaft schaue, denke ich auch über die Jahreszeiten meines eigenen Lebens nach. 43 Jahre haben Karolyn und ich als Mann und Frau zusammengelebt, und mir fällt auf, dass auch wir so manchen Winter überstanden haben, so mancher Frühling ist eingekehrt, wir haben viele Sommer genossen, und danach kam immer wieder auch der Herbst.

Ich hörte einmal bei einem Vortrag, wie der Redner die Ehe in vier Jahreszeiten einteilte. Als junges Paar befänden wir uns im Frühling unseres Lebens, der Zukunft aufgeschlossen. Dann käme der Sommer – die Zeit für Karriere und Kinder. Im Herbst, da würden die Kinder das Haus verlassen und wir als Paar allein zurückbleiben. Und dann würde es Winter werden. Dieses Bild passt in mancherlei Hinsicht. Doch für das, was sich in unseren Ehen ereignet, ist dieses Beispiel meiner Ansicht nach zu kurz gegriffen.

Aus eigener Anschauung weiß ich, dass die Ehe einem stetigen Wandel unterworfen ist. Wir erleben gemeinsam den Wechsel von Jahreszeiten in immer neuen Zyklen. Das habe ich in meiner eigenen Ehe erfahren und auch durch die unendlich vielen Seelsorgegespräche im Laufe von 34 Jahren. Es geschieht nicht wie draußen in der Natur im Laufe eines Jahres, und dennoch ist eine ähnliche Regelmäßigkeit zu erkennen. Immer wieder wird es Winter auch in unseren vier Wänden – wir sind mutlos, jeder geht seiner Wege und die Unzufriedenheit wächst. Dann aber kommt wieder der Frühling. Hoffnung keimt auf, wir gehen erneut aufeinander zu, und wir erwarten mehr voneinander. Der Sommer bringt Lebensfreude, wir sind ausgelassen und fühlen uns einfach wohl miteinander. Aber der Herbst lässt manchmal nicht lange auf sich warten. Neue Irritationen stellen sich ein, wir ziehen uns in uns selbst zurück und nehmen dem Partner jede Kleinigkeit übel. Im Laufe einer Ehe kommt es zu mehreren Zyklen dieser Art – analog zum Geschehen in der Natur.

Zweck dieses Buches wird es sein, diese wiederkehrenden „Jahreszeiten" der Ehe zu beschreiben. Ich möchte Ihnen und Ihrem Partner helfen, herauszubekommen, in welcher Jahreszeit Sie sich gerade befinden und wie es Ihnen immer wieder gelingen kann, die Irritationen des Herbstes und die Entfremdung im Winter zu überwinden – hin zur Hoffnung des Frühlings, bis Sie wieder die wärmende Nähe Ihres Partners spüren, sobald der Sommer eingekehrt ist. Die sieben Strategien, die wir Ihnen im zweiten Teil des Buches vorstellen wollen, werden nicht verhindern können, dass auch einmal der Winter in Ihre Ehe einzieht. Aber Sie werden lernen, das Beste aus jeder Jahreszeit zu machen und sich auf die Folgende vorzubereiten, bis es wieder Frühling und Sommer wird.

Die Jahreszeiten der Ehe kommen und gehen, und jede trägt in sich das Potenzial für seelische Gesundheit und Lebensglück – aber eben auch für große Herausforderungen.

Der Schlüssel zu allem liegt darin, sich die Fertigkeiten anzueignen, wie man in allen vier Jahreszeiten seine Ehe stärkt und auf eine immer solidere Basis stellt.

Im Gegensatz zu den Bäumen, die den Launen des Wetters und so manchem Angriff auf ihr Leben schutzlos ausgeliefert sind, haben wir Menschen die Fähigkeit, unseren Standort zu bestimmen und zu verändern. Wir können die Einstellung zu den Dingen wählen und uns entscheiden, etwas zu tun, was unserer Ehe gut tut. Wir können im Frühling den Samen der Liebe säen und darauf hoffen, dass er im warmen Sommer aufgeht, damit wir im Herbst die Scheunen mit guten Gefühlen und mit offener Kommunikation füllen, denn nur so sind wir gewappnet für die kargen Zeiten, wenn die Herbststürme wehen und das Land im Winter unter einem Eispanzer erstarrt.

Wenn Sie dieses Buch gerade in einem Ihrer „Ehewinter" zur Hand nehmen, dann möchte ich Ihnen Mut machen. Es gibt Hoffnung! Ich habe bei so vielen Ehepaaren miterlebt, wie bei ihnen eines Tages wieder die Krokusse blühten. Und ich bin fest davon überzeugt, dass die praktischen Schritte, die wir vorstellen, auch Ihnen helfen werden. Selbst wenn Sie dieses Buch allein lesen und sich der Partner oder die Partnerin der Mitarbeit verweigert, werden wenigstens Sie erfahren, wie man das Herz des anderen zurückgewinnen kann, damit es bei Ihnen wieder Sommer wird.

Sollten Sie jedoch gerade, von Frühlingsgefühlen überwältigt, auf Wolke sieben schweben, lege ich Ihnen ans Herz, schon jetzt dafür zu sorgen, dass kein wuchernder Wein in Ihrer Beziehung Wurzeln schlagen kann. Ich werde aufzeigen, wie man die ringelnden Ranken schädlicher Einstellungen und Verhaltensweisen rechtzeitig kappt, damit Ihre Ehe so gedeiht, wie Gott es sich vorgestellt hat.

Und sofern Ihnen dieses Buch weitergeholfen hat, sollten Sie es anderen befreundeten Ehepaaren vorstellen, die wie Sie die vier Jahreszeiten der Ehe durchleben.

Teil I

Die vier Jahreszeiten der Liebe

 |  |  |

Ehe – was ist das eigentlich?

Ich habe gleich zu Anfang meines Berufsweges mit großem Interesse Anthropologie studiert. Dabei hatte es mir ganz besonders die systematische Beschreibung von Völkern und Kulturen angetan. Was nun unser Thema betrifft, fiel mir damals auf, dass die Ehe zwischen Mann und Frau eine tragende Säule jeder menschlichen Gesellschaft ist – und das ohne Ausnahme. Die monogame, lebenslange Lebensgemeinschaft zwischen Mann und Frau ist eine universale kulturelle Norm.

Es gibt natürlich die Ausnahme von der Regel. So hat es hier und da auch die Polygamie gegeben und die serielle Monogamie, wie sie zunehmend in unserer westlichen Gesellschaft praktiziert wird. Aber das sind Ausnahmeerscheinungen in der Menschheitsgeschichte, die das seelische Grundbedürfnis nach lebenslanger Partnerschaft niemals auslöschen konnten. Und obgleich die Akzeptanz der Ehescheidung in den vergangenen fünfzig Jahren stetig zugenommen hat, will die große Mehrheit der noch Unverheirateten zwischen zwanzig und dreißig möglichst nur ein einziges Mal heiraten. Viele der Befragten haben als Kinder die Scheidung ihrer Eltern erlebt, und sie geben an, dies nicht wieder durchleiden zu wollen.

Die gesellschaftliche Institution der Ehe ist zuallererst ein Bündnis, durch das sich Mann und Frau einander versprechen, auf Lebenszeit Partner zu bleiben.[1] Im biblischen Schöpfungsbericht kommt Gottes Wunsch zum Ausdruck, dass die zwei Menschen, die sich lieben, „ein Fleisch werden".[2] Zum Kern der Ehe gehört also die Einheit. Und Einssein ist das Gegenteil von Einsamkeit. So wird denn auch im ersten Buch Mose der Wille Gottes zum Ausdruck gebracht, dass der Mensch nicht als Single leben soll.[3] Etwas tief im Herzen des Mannes sehnt sich nach Gemeinschaft mit einer Frau, und die Frau hat ein entsprechendes Verlangen nach dem Mann. Die Ehe ist also nicht nur irgendeine Beziehung zwischen zwei Menschen. Sie ist eine *intime Beziehung, die alle* Ebenen des menschlichen Lebens mit einbezieht:

1 Mehr zur Ehe als ein Bund nach biblischem Vorbild siehe: Gary Chapman, Unsere Ehe – Spiegel seiner Liebe (Verlag der Francke-Buchhandlung GmbH, Marburg).

2 1. Mose 2,24.

3 1. Mose 2,18.

die intellektuelle, die emotionale, die soziale, die spirituelle und die körperliche. In der ehelichen Gemeinschaft teilen Mann und Frau ihr Leben so umfassend, wie es sonst niemals zwei Menschen tun. Die beiden begreifen sich als eine verschworene Gemeinschaft und nicht als zwei Individuen, die zufällig in räumlicher Nähe ihr Leben verbringen. Weil aber Kern der ehelichen Gemeinschaft die absolute Vertrautheit ist, beginnen die Partner zu leiden, sobald dieses Vertrauensverhältnis auf irgendeine Weise gestört wird.

Die Ehe ist darüber hinaus im weitesten Sinne ein Zweckbündnis. Die Forschung belegt zweifelsfrei, dass die vertraute Ehebeziehung das optimale Klima für eine gedeihliche Kindererziehung liefert. Aber die Fortpflanzung ist nicht der einzige Zweck der Ehe. Jeder Mensch ist von Gott mit ganz bestimmten Gaben beschenkt worden. Und die Partnerschaft in der Ehe schafft ein ganz besonders günstiges Klima, um diese Talente zu entfalten. So schreibt der Prediger in seinem biblischen Buch: „So ist's ja besser zu zweien als allein ... Fällt einer von ihnen, so hilft ihm sein Gesell auf. Wehe dem, der allein ist, wenn er fällt! Dann ist kein anderer da, der ihm aufhilft."[4] Wohl alle Paare werden die Richtigkeit dieser Aussage bestätigen können. Zu zweit ist man besser dran.

Mann und Frau sollen sich ergänzen. Dort, wo der Mann seine Schwächen hat, kann die Frau aushelfen und umgekehrt. Einer ist für den anderen da, um ihn aufzurichten. Das Leben ist einfach leichter zu meistern, wenn zwei Herzen und Sinne in Solidarität den Herausforderungen des Alltags trotzen.

Grundeigenschaften der Ehe
Solidarisch
Vereint
Vertraut
Zielgerichtet
Ergänzend

---

4 Prediger 4,9-10.

Nach über vierzig Jahren Ehe schaue ich zurück und erkenne, dass vieles von dem, was ich erreicht und geleistet habe, niemals zur Entfaltung gekommen wäre, hätte mir meine Frau nicht mit Rat und Tat zur Seite gestanden. Und ich denke schon, dass auch sie weniger erreicht hätte ohne meine Unterstützung. Und allein das macht mich schon glücklich und zufrieden. Wir haben uns gemeinsam vorgenommen, Gottes Plan für unser beider Leben – so gut es geht – Wirklichkeit werden zu lassen. Wir helfen einander, unsere individuellen Begabungen aufzudecken, und wir machen uns gegenseitig Mut, all die Fähigkeiten einzusetzen, mit denen wir Gott dienen und der Umwelt Gutes tun. Dadurch weisen wir mit unserem Leben andere auf Gott hin und wir machen das Beste daraus.

König David drückt genau aus, was unser Lebensmotto ist: „Preiset mit mir den Herrn und lasst uns miteinander seinen Namen erhöhen!" (Psalm 34,4). Aus biblischer Sicht besteht der Lebenssinn nicht darin, unsere eigenen Vorstellungen zu verwirklichen. Der Zweck unseres Lebens soll vielmehr sein, Gott kennen zu lernen, ihm die Ehre zu geben. Und viele Menschen erleben, dass ihnen die Ehe dabei hilft, diese Ziele zu erreichen.

Sich den wechselnden Jahreszeiten anpassen

Die Beziehung einer Ehe ist einem ständigen Wandel unterworfen. Einstellungen verändern sich, die Gefühle schwanken, und der Umgang untereinander wechselt zwischen zuvorkommend und gleichgültig.

Auf diese Veränderungen haben wir zuweilen überhaupt keinen Einfluss. Als zum Beispiel Bernds Frau Tina mit der Krebsdiagnose konfrontiert wurde, veränderte dies ihr ganzes Leben und damit auch die Beziehung in der Ehe. Sie konnten sich zwar mit den Umständen arrangieren, aber keinen Einfluss darauf nehmen. Dasselbe galt für Johanna und ihren Mann Robert, der Mitglied der Nationalgarde war. Eines Tages wurde seine Einheit in ein Krisengebiet auf der anderen Seite des Globus verlegt. Robert und Johanna konnten sich darauf einstellen, aber gegen die Tatsache an sich war jeder Widerstand zwecklos. Johannes und Carolin mussten sich damit abfinden, dass Carolins Mutter nicht länger allein leben konnte, und so waren sie gezwungen, ihr Leben darauf einzustellen. Es gab Veränderungen, auf die sie keinen Einfluss nehmen konnten. Im Leben kommt es immer wieder zu solchen unerwarteten Ereignissen. Und als Paar bleibt einem dann nichts weiter übrig, als sich in Solidarität darauf einzustellen.

Manchmal sind wir auch selber die Initiatoren neuer Entwicklungen, deren Konsequenzen wir nicht vorausgesehen haben. Als Thomas und Maria in eine andere Stadt zogen, nachdem sie zehn Jahre ganz in der Nähe der Familie gelebt hatten, veränderte sich vieles in ihrem Leben, und sie mussten gemeinsam damit fertig werden. Viele Entscheidungen, die wir im Berufsleben, bei der Kindererziehung und im persönlichen Umfeld zu Hause treffen, wirken sich auf unser Eheleben aus. Aber erst die Art und Weise, wie Paare mit Veränderungen in ihrem Leben umgehen, bestimmt die Qualität ihrer Ehe.

In der Natur entstehen die vier Jahreszeiten unabänderlich dadurch, dass die Erde mit ihrer schrägen Drehachse um die Sonne kreist. Tatsachen bestimmen zunächst, was geschieht. Genauso entstehen auch die Jahreszeiten unserer Ehe. Und wie wir uns auf Sommer und Winter einstellen müssen, so müssen wir auch auf die verschiedenen Phasen in unserer Ehe reagieren. Was kann uns nicht alles begegnen! Geburt und Tod, Krankheit, starrköpfige Schwiegereltern, Berufswechsel, Arbeitslosigkeit, ein fordernder Chef, Reisen, Gewichtszunahme, Gewichtsverlust, finanzielle Höhen und Tiefen, Umzüge, Wohnungsnot, Depressionen, Zwist, Melancholie, Pubertät der Kinder, Kränkeln im Alter, demente Eltern, Impotenz, Fremdgehen. All das sind Gegebenheiten, die uns zwingen, Stellung zu beziehen und entsprechend zu reagieren. Wenn es uns dann gelingt, im Einvernehmen mit unserem Partner die Dinge zu regeln, dann bleiben uns Frühling und Sommer in der Ehe erhalten. Sofern wir uns jedoch durch Schwierigkeiten entzweien lassen, werden wir bald die Herbstkühle spüren, und der eisige Winter steht vor der Tür – zuweilen schneller als erwartet.

Wir reagieren auf all diese Ereignisse mit Emotionen, Einstellungen und bestimmten Verhaltensweisen. Und die jeweilige Kombination dieser drei Faktoren bestimmt, in welcher Jahreszeit wir uns in unserer Ehe gerade befinden.

In unserer westlichen Welt ist es inzwischen gang und gebe, die Gefühle zum bestimmenden Faktor für all unser Handeln zu erheben. Aber nach über dreißig Jahren Eheseelsorge bin ich zu der Überzeugung gelangt, dass dies eine Fehlentwicklung ist. Verstehen Sie mich nicht falsch: Ich will damit keineswegs behaupten, Gefühle seien zweitrangig. Über die Gefühle nehmen wir immerhin zum ersten Mal wahr, dass mit unserer Beziehung etwas nicht stimmt. Aber die Gefühle müssen dann die Vernunft wecken, und die Vernunft ihrerseits muss von der Wahrheit gelenkt werden, wenn wir zu sinnvollem Handeln gelangen wollen. Der Kurzschluss ist fatal, wenn wir nämlich vom Gefühl zum Handeln springen, ohne den Verstand einzuschalten. Viele Paare, die diesen Sprung gemacht haben, gerieten unversehens in den Winter ihrer Beziehung, wo sie doch eigentlich im Frühling hätten landen können.

EMOTIONEN im Zaum gehalten durch
VERNUNFT geleitet durch WAHRHEIT =
SINNVOLLES HANDELN

Begeben wir uns also auf die Reise, indem wir zunächst die vier Jahreszeiten der Liebe im Einzelnen definieren. In den folgenden vier Kapiteln werden wir uns mit den Gefühlen, Einstellungen und Verhaltensweisen beschäftigen, die charakteristisch für die jeweilige Jahreszeit sind. Wir wollen dazu Paare besuchen, die bereit waren, mir von ihren Freuden und Sorgen zu erzählen, die die Jahreszeiten in ihrer Ehe mit sich gebracht haben. Namen und Orte habe ich natürlich verändert, um die Privatsphäre zu schützen. Aber die Geschichten, die sie erzählen, sind Tatsachenberichte, und ich lasse die Paare weitgehend selber zu Wort kommen.

Wahrscheinlich werden Sie sich selber in dem einen oder anderen Schicksal wiedererkennen, und sollte es Ihnen schwer fallen, die eigene Situation einer bestimmten Jahreszeit zuzuordnen, werden wir Ihnen im 6. Kapitel eine Hilfe dazu anbieten. Im zweiten Teil des Buches werde ich Ihnen an der Praxis orientierte Tipps geben, wie Sie Gefühle, Einstellungen und das Verhalten so miteinander in Einklang bringen, dass es Ihnen nicht mehr so schwer fällt, von einer Jahreszeit in die andere zu gelangen.

# Winter

Warum fangen wir eigentlich mit dem Winter an? Nun, es ist nicht ganz abwegig, denn immerhin beginnt der Kalender auch im Winter – im Januar nämlich. Es gilt zwar nicht für jeden Ort auf dieser Welt, aber Januar und Februar sind bei uns in North Carolina die kältesten Monate. Es schneit oft und Eisstürme ziehen übers Land. Die Leute tragen dicke Handschuhe und Wintermäntel, und die Kinder fahren Schlitten, wo immer Gelegenheit dazu ist. Sie können es gar nicht abwarten, bis die Schule aus ist und sie endlich draußen im Schnee herumtollen können. Nur die Bären halten Winterschlaf in dieser Zeit. Aber das alles hat nichts damit zu tun, warum ich mit dem Winter beginne.

Ich fange mit der kalten Jahreszeit an, weil die meisten Paare, die zu mir kommen, mit ihrer Ehe gerade mitten im Winter stecken. Selten kommt jemand vorbei, der gerade den Sommer genießt. Es ist die Kälte des Winters, die die Menschen in mein Arbeitszimmer treibt. Zumindest auf der Nordhalbkugel sprechen wir davon, dass der Winter wieder kalt, hart, schneereich, eisig oder trist war – also mit vielen Unannehmlichkeiten verbunden. Das Leben im Winter ist viel härter als im Sommer.

Charakteristisch für Ehen, die sich im Winter befinden, sind emotionale Kälte, rüde Umgangsformen und Groll. Die Träume des Frühjahrs sind verpufft, eine dicke Schneeschicht hat sich über alles gelegt, und der Wetterbericht kündet Eisregen an. Sollten Mann und Frau tatsächlich noch im Gespräch sein, so geht es meist nur noch darum, den Alltag zu regeln: Wer tut wann was? Und kommt wirklich einmal ein Gespräch über die Beziehung zustande, so endet es schnell im Streit. In vielen Ehen herrscht nur noch eisiges Schweigen. Jeder lebt sein Leben, obgleich man noch unter einem Dach wohnt, und jeder gibt dem anderen die Schuld für die Kälte.

Wie aber gerät ein Paar überhaupt in eine solch winterliche Stimmung? Voraussetzung ist, dass die Beziehung erstarrt. Es fehlt die Bereitschaft, sich in den anderen hineinzuversetzen und dann gemeinsam an einer Lösung zu arbeiten. Jedes Paar gerät in Konflikte und bei jedem Paar kommt es zu Meinungsverschiedenheiten. Dabei kann es um das liebe Geld gehen, um die Schwiegereltern, um Glaubensfragen oder viele andere Dinge. Paare, die es versäumen, solche Konflikte rechtzeitig im Gespräch auszuräumen, finden sich plötzlich mitten im Winter wieder – eine Jahreszeit der Ehe, die nicht durch die Umstände selber einzieht, sondern durch die Art und Weise, wie Konflikte verarbeitet werden. Wenn beide auf ihrem Standpunkt beharren, wird es unversehens bitterkalt.

Ein solcher Winter kann einen Monat dauern oder dreißig Jahre. Er kann Wochen nach der Hochzeit einsetzen oder erst in der Lebensmitte. Es kann um ein einziges großes Konfliktthema gehen oder sich in vielen Bereichen bemerkbar machen.

Wie ich schon anmerkte, wird jede Jahreszeit von ganz typischen Emotionen, Einstellungen und Verhaltensweisen begleitet. Das ist unser Beitrag zu den Fakten, und der bestimmt letztlich, ob ein Paar lange im Herbst und Winter verharrt oder sich daraus befreien kann. Wie aber sehen diese für den Winter typischen Gefühle, Einstellungen und Verhaltensweisen konkret aus?

Gefühle im Winter

Zu den Gefühlen des Winters gehören Gekränktsein, Wut und Enttäuschung, oft begleitet von Einsamkeit und dem Eindruck, abgelehnt zu werden.

Ich möchte Ihnen nun einige Paare vorstellen, die in einen solchen Ehewinter geraten sind. Achten Sie einmal darauf, wie sie ihre Gefühle beschreiben:

Georg ist 44 und seit 18 Jahren verheiratet. „Meine Ehe ist in einem desolaten Zustand", sagt er. „Wäre ich nicht Christ, hätte ich wahrscheinlich längst aufgegeben. Ich weiß, dass ich eigentlich meine Frau lieben sollte, aber ich bin emotional völlig ausgebrannt. Ich habe das Gefühl, nicht einmal mehr von meiner Frau geliebt und respektiert zu werden. Ja, sie nimmt gerade noch hin, dass ich mich in ihrer Nähe aufhalte. Das tut der Seele weh. Deshalb sehe ich schwarz für unsere Ehe."

Seine Frau Helen beschreibt ihre Ehe wie folgt: „Es ist so öde geworden. Nichts ist mehr im Fluss, aber ich habe auch nicht mehr die seelische Kraft, etwas in Gang zu bringen. Mein Mann ist seit anderthalb Jahren arbeitslos und scheint jeden Schwung verloren zu haben, etwas dagegen zu tun. Schon vor 14 Jahren hatten wir eine ähnliche Situation, als wir mit der Ausbildung fertig waren. Es ist so frustrierend, dass nun alles von vorn beginnt. Und jetzt haben wir drei Kinder, die alles mitbekommen. Das macht mir Angst. Ich bin sehr unglücklich über den Zustand unserer Ehe."

Marion ist 45 und seit fünf Jahren in zweiter Ehe verheiratet. Sie sagt: „Ich bin total enttäuscht und niedergeschlagen. Wir reden nicht mehr miteinander, sondern streiten nur noch. Dabei kommen wir nie zu einer gemeinsamen Entscheidung darüber, wie unsere Probleme zu lösen sind. Und keiner von uns ist dabei glücklich. Wir können uns nicht einigen, wenn's ums Geld geht und auch nicht bei der Kindererziehung (meine drei Kinder leben bei uns). Er meint inzwischen, die Scheidung wäre die einzige Lösung. Aber ich bin mir da gar nicht so sicher."

Mark ist seit 23 Jahren verheiratet und er sagt über seine Ehe: „Ich weiß nicht mehr, wie es weitergehen soll. Es gibt im Grunde nichts mehr, worüber wir uns einigen können. Zwei Dickköpfe kommen da zusammen, und das hat zu zahllosen Konflikten geführt. Es ist so viel Kälte in unserer Beziehung."

Seine Frau Melanie sieht es so: „Mark ist oft so verletzend. Schon seit vielen Jahren tragen wir uns alles Mögliche nach. Und dabei habe ich das Gefühl, selber mehr um Frieden bemüht zu sein als er. Er scheint gar nicht zuzuhören, und was ich fühle, scheint ihm völlig egal zu sein. Aber nörgeln, das kann er. Im Moment verbringen wir wenig Zeit miteinander, kaum noch ein nettes Wort und Zärtlichkeiten schon gar nicht."

Maria ist 43 und seit neun Jahren zum zweiten Mal verheiratet. Über ihre Ehe sagt sie: „Es tut in der Seele weh, und alles in meinem Leben wird in Mitleidenschaft gezogen. Ich schlucke allen Ärger hinunter, versuche es dem Herrn zu geben und optimistisch zu bleiben. Mein Mann und ich, wir wollen eigentlich mehr, aber wir kommen einfach nicht zusammen."

Emily ist erst zweieinhalb Jahre verheiratet, aber es sind bereits Wintergefühle, die sie beschreibt: „Ich bin zutiefst unzufrieden. Er ist manchmal so kränkend. Tag für Tag dieser Überlebenskampf. Hoffnung habe ich jedenfalls keine mehr."

Verletztheit, Groll, Enttäuschung, Einsamkeit und das Gefühl, abgelehnt zu werden – das sind die Gefühle von Menschen, die in den Winter ihrer Ehe geraten sind.

Denkweisen im Winter

Die Einstellung ist die Art und Weise, wie wir zu den Dingen stehen. Gemeint ist also die Interpretation all dessen, was uns täglich begegnet. Und der Ehewinter ist charakterisiert durch negative Einstellungen.

Im Winter neigen wir zum Pessimismus. Wir sehen schwarz für unsere Beziehung. Die Probleme scheinen viel zu groß zu sein und die Positionen festgefahren. Die Entfremdung dauert schon viel zu lange, da erwarten wir keine Lösung mehr. Und im Normalfall geben wir unserem Partner die Schuld für die Misere. Die Gefühle reichen von leichtem Unbehagen bis zu absoluter Hoffnungslosigkeit.

In Seattle bin ich einem Mann begegnet, den ich Frank nennen will. Er war 22 und erst ein Jahr verheiratet, aber bereits vollkommen desillusioniert über seine Ehe. „Ich habe echt den Eindruck, dass wir's niemals packen werden. Es wird Tag für Tag schlimmer. Wir streiten und streiten und manchmal schlagen wir uns auch – und das alles vor unserem Baby. So kann es nicht weitergehen, aber ich weiß auch nicht, was ich tun soll." Seinen Beruf bewältigt Frank voller Elan, und er war stets bereit, Herausforderungen anzunehmen, aber zu Hause hatte er jede Perspektive verloren.

Nach neunzehn Ehejahren erzählte mir Martha: „In der ersten Zeit habe ich noch viel in unsere Ehe investiert, doch alles, was ich vorschlug, verstand er als Nörgelei. Nichts zeigte Wirkung, und so habe ich eines Tages das Handtuch geworfen. Hin und wieder ging es dann ein bisschen voran und wir kamen uns wieder etwas näher, aber meistens nur dann, wenn es nach seiner Nase ging. Was *ich* wollte, war völlig egal. Weil es immer so gegangen ist, interessiert mich inzwischen auch nicht mehr, was ihm wichtig ist. Ich warte jetzt einfach ab, ob er noch mal die Initiative zur Rettung unserer Ehe ergreift."

Ihr Mann Willi sieht die Sache so: „Vor anderthalb Jahren war die beste Zeit, die wir in unserer Beziehung hatten, auf einmal vorbei. Wir hatten nach biblischen Prinzipien gelebt und alles war sehr ordentlich gelaufen. Martha hatte sich alle Mühe gegeben und ich hatte meine Erwartungen zurückgeschraubt. Dann kündigte ich meine Arbeitsstelle – mit ihrem Einverständnis. Seitdem ging es bergab mit uns. Es öffneten sich keine Türen, und ich habe mittlerweile vier Teilzeitjobs gleichzeitig, um die Familie zu ernähren. Wahrscheinlich bin ich es, der den Gesprächsfaden hat abreißen lassen. Ich war nicht mehr zärtlich genug und habe in dieser schweren Zeit nicht mehr gewusst, wie es weitergehen soll. Damals hat sich Martha von mir zurückgezogen, und alle meine Anstrengungen haben nichts genutzt, sie wieder vorzulocken. Offenbar ist ein Loch in ihrem Liebestank. So sehr ich mich auch bemühe, ihn aufzufüllen, ich bekomme nichts zurück. Sie behauptet zwar, nicht nachtragend zu sein, aber ich erlebe sie genau so." Ganz offensichtlich haben sich Martha und Willi hinter ihren einmal gefassten Meinungen verschanzt, und so fühlt sich jeder vom anderen im Stich gelassen.

Manchmal geht es ganz schnell, dass sich Einstellungen verändern. Kevin hatte ein Angebot für eine Arbeitsstelle in einer anderen Stadt. Er und Marie diskutierten darüber und kamen zu der Auffassung, dass gerade jetzt ein günstiger Moment sei, einen solchen Umzug in Angriff zu nehmen. Aber kurz, nachdem sie eingezogen waren, spürte Marie, dass sie ihre Freunde vermisste, und die neuen Lebensumstände machten ihr zu schaffen. Sie klagte Kevin ihr Leid und machte ihm ein schlechtes Gewissen. Der fühlte sich nun betrogen, denn er war davon ausgegangen, der Umzug sei mit ihrem Einverständnis geschehen. Er fühlte sich ungerechtfertigt mit Vorwürfen konfrontiert. Und die neue Arbeitsstelle konnte er auch nicht gleich wieder kündigen. Andererseits wollte er, dass seine Frau glücklich war.

Maries negative Einstellung wuchs zu einer hohen Mauer zwischen den beiden, und kaum ein Jahr später dachten sie an Scheidung. Wie anders wäre alles gelaufen, hätte Marie sich nicht hinter ihrer negativen Einstellung verschanzt. Sie hätte sich Freunde suchen und das Beste aus der neuen Situation machen können. Negatives Denken ist wie ein kalter Ostwind, der die Kälte des Winters noch viel grimmiger erscheinen lässt.

Verhaltensweise im Winter

Mitten im Winter entziehen wir uns gern den Einflüssen des Wetters. Wenn es draußen Stein und Bein friert, ziehen wir uns in die warme Stube zurück, um zu überleben und auszuharren, bis es draußen wieder wärmer wird. Auch in einer winterlichen Ehe gibt es diese Tendenzen. Wir schützen uns vor den „Unbilden des Wetters". Mann und Frau ziehen sich in sich selber zurück, sie verkriechen sich in eine dunkle Ecke und warten darauf, dass die dunkle Jahreszeit vorübergeht. Doch im Gegensatz zu den Jahreszeiten der Natur vergehen die Jahreszeiten der Liebe nicht von allein. Im Gegenteil: Ohne unser Zutun verschärft sich der Frost oft noch.

Sollten Sie gerade in einem Ehewinter stecken, wird ihr dafür typisches Verhalten die Lage noch verschärfen. Bewusst oder unbewusst legen Sie es darauf an, den Partner zu verletzen. Harsche Worte, körperliche Übergriffe, Rückzug oder eisiges Schweigen – das sind typische Verhalten im Winter. Ich denke da an eine Frau, die mir erzählte: „Ich war so wütend auf Kurt wegen seines Seitensprunges, dass ich zu der Wohnung eilte, wo sie sich immer trafen. Dort stand sein Auto vor der Tür, und ich habe ihm alle vier Reifen mit einem Fleischermesser zerstochen. Ich weiß, dass ich dafür hätte bestraft werden können, aber ich war damals derart außer mir, dass ich ihm so drastisch wie möglich vor Augen führen wollte, wie sehr er mich verletzt hat."

Ich begegnete Beate auf einem meiner Eheseminare. Sie war damals zum zweiten Mal verheiratet. Ihre erste Ehe war nach ihren eigenen Worten „körperlich und emotional ein Albtraum". Und nun nach fünf Jahren mit ihrem zweiten Mann beschrieb sie auch diese Ehe als tiefsten Winter. „Das ist eigentlich gar nicht meine Art, aber ich habe mich total zurückgezogen. Ich bin müde geworden und drauf und dran, ihm die Trennung vorzuschlagen, denn ich glaube kaum, dass er je wieder halbwegs zivil mit mir umgeht. Ich bin alles andere als glücklich in dieser Ehe." Als ich sie bat, mir ein Beispiel für den Umgang in ihrer Ehe zu nennen, antwortete sie: „Vor zwei Wochen war es, da bat ich ihn, endlich damit aufzuhören, unseren Sohn als Muttersöhnchen zu titulieren. Er meinte darauf, ich würde unseren Sohn nach Strich und Faden verhätscheln, und das ärgere ihn gewaltig. Tief gekränkt, ließ ich ihn stehen. Es gab kein Gespräch. Später kamen wir noch einmal kurz auf die Sache zu sprechen, und er meinte, ich würde dafür die beiden anderen Jungen vernachlässigen. Immer nur ein kurzer Schlagabtausch, und schon gehen wir auseinander. Da braut sich dann was zusammen. Wir reden immer weniger miteinander, und ich merke, dass er mir bewusst aus dem Weg geht. Wir halten uns nur noch selten im selben Raum auf – höchstens noch nachts im Schlafzimmer. Und wenn er mich wieder beleidigt, muss ich unwillkürlich an meine erste Ehe denken. Dann frage ich mich, ob für mich alles von vorn beginnt."

Chris und Amanda besuchten mein Seminar in Florida. Seit fünf Jahren waren sie verheiratet, und es war für beide die erste Ehe. Sie war 25 und er 29. Was Amanda mir erzählte, deutete für mich darauf hin, dass sie im Winter angekommen waren. „Ich bin tief traurig und fühle mich verletzt – obwohl, manchmal habe ich auch noch das Gefühl, dass wir uns beide immer noch lieben. Aber das ist nichts im Vergleich zu früher. Ich wünsche mir, diese erste Liebe noch einmal zu erleben. Ein Kind haben wir bekommen, dann hatte mein Mann einen schweren Autounfall. Drei Jahre war er arbeitsunfähig. Und dann ist auch noch unser Haus abgebrannt. Durch diese ganzen Umstände haben wir uns auseinander gelebt. Es wird nur noch genörgelt, und jeder macht den anderen schlecht."

Ihr Mann hat nur wenig dazu zu sagen: „Ich weiß, dass meine Frau in einer streitsüchtigen Familie aufgewachsen ist. Sie kennt es nicht anders. Und sie ist schon immer sehr fordernd gewesen." Chris und Amanda reden sich und ihre Ehe um Kopf und Kragen. Kritik, Forderungen und Kränkungen – das sind Anzeichen dafür, dass es bitterkalt ist in dieser Ehe.

Josua war 22 und gerade drei Jahre verheiratet, als er mir berichtete: „Schon im ersten halben Jahr unserer Ehe hat mich meine Frau mehrmals mit einem Freund betrogen. Da habe ich es ihr mit gleicher Münze heimgezahlt. Damit war das Vertrauen zwischen uns völlig zerstört, und wir waren unversehens mitten im Winter unserer Ehe. Ich habe vieles falsch gemacht, aber jetzt fürchte ich, wenn ich irgendwas unternehme, noch mehr Porzellan zu zerschlagen."

Bernice ist 78 und seit 54 Jahren verheiratet, aber sie gesteht ein, dass ihre Ehe eine große Last ist. „Ich fühle mich im Stich gelassen, und ich habe allen Lebensmut verloren", erzählt sie. „Mein Mann ist als trockener Alkoholiker oft depressiv. Er belügt mich oder redet kein Wort mit mir, und vor kurzem hat er noch seine Neigung zur Pornografie entdeckt. Das hat mir das Herz gebrochen. Ich kann eigentlich nur noch beten. Wenn ich versuche, mit ihm ins Gespräch zu kommen, macht er mir nur Vorwürfe und gibt allein mir die Schuld für alle Probleme. Ja, unsere Ehe ist tatsächlich im tiefsten Winter. Das ist besonders traurig nach all den gemeinsamen Jahren."

Im Ehewinter wird entweder geschwiegen oder gestritten. Und so manches hässliche Wort vertieft den Graben nur noch. Verbale Attacken arten zuweilen in körperliche Übergriffe aus, und die Sexualität wird zum Schlachtfeld – bis es zum letzten vernichtenden Schlag kommt – zum Seitensprung.

Die Entfremdung nimmt im Winter ihren Lauf. Sie beginnt auf der Gefühlsebene und findet schließlich Ausdruck in der räumlichen Trennung. Man schläft in getrennten Schlafzimmern, weil man sich nicht mehr so nahe kommen will. Sexuell und emotional ist man längst geschieden, und wenn nicht bald ein laues Frühlingslüftchen weht, ist der Gang zum Anwalt die Konsequenz.

Tiefe Niedergeschlagenheit ist oft die Begleiterscheinung, wenn zwei Menschen sich so entfremden. Margret ist 44 und seit acht Jahren zum zweiten Mal verheiratet. „Ich weiß eigentlich gar nicht, wie es so weit kommen konnte", sagt sie. „Aber unsere Ehe besteht eigentlich nur noch auf dem Papier. Wir haben es zugelassen, dass unsere vier Kinder – zwei von ihm und zwei von mir – schon in den ersten Jahren einen Keil zwischen uns treiben konnten. Inzwischen sind die Kinder groß und bis auf eins aus dem Haus. Und nun haben wir die größte Mühe, unser gemeinsames Leben wieder in den Griff zu bekommen. Ich jedenfalls weiß nicht, wie wir unsere Ehe retten könnten."

Im Gegensatz zur Natur gehen dem Ehewinter oft kein Herbst und Sommer voraus. Eben ist es noch Frühling, und dann geschehen Dinge, die in kürzester Zeit den Winter ins Land ziehen lassen. Bei Jenni war das so. Gerade aus den Flitterwochen heimgekehrt, zog auch schon der Winter ein. Es war ihre zweite Ehe, und sie brachte ein geistig behindertes Kind mit. „In der Anfangszeit schien John die Kleine in sein Herz geschlossen zu haben. Er war richtig lieb zu ihr. Aber schon nach den Flitterwochen schien ihm Mandy lästig zu werden. Am liebsten hätte er es gehabt, wenn wir beide allein gewesen wären. Aber das ging ja nicht. Er lebt in der Welt seiner Wunschvorstellungen. Einmal hat er mich gefragt, ob wir nicht jemand suchen könnten, der Mandy adoptieren würde. Aber warum sollte ich das tun wollen? Sie ist meine Tochter! Inzwischen glaube ich, einen Riesenfehler gemacht zu haben, als ich John heiratete. Ich habe keine Ahnung, wie wir je einen gemeinsamen Nenner finden können. Immer öfter verliert er die Beherrschung, und mit seinen Worten verletzt er mich zutiefst. Er hat immer Recht, und meine Meinung zählt gar nicht."

Paare spüren, wenn es Winter in ihrer Ehe wird. Die Gefühle sprechen dafür, das Denken und das Verhalten. Grafisch aufgearbeitet möchte ich die wichtigsten Zeichen einer Ehe im Winter noch einmal zusammenfassen.

Winter	
Gefühle:	*Verletztsein, Wut, Enttäuschung, Einsamkeit, das Gefühl, zurückgestoßen zu werden*
Einstellungen:	*Immer nur das Negative sehen, Pessimismus, das Versagen in den Mittelpunkt stellen, Perspektivlosigkeit*
Verhaltensweisen:	*Handlungen, die die Lage noch verschärfen, harte Worte, Schweigen, Gewalt*
Klima in der Beziehung:	*Distanziert, kalt, unfreundlich, bitter. Im Ehewinter sind Paare kaum in der Lage, von sich aus Konflikte zu besprechen. Gespräche enden meist als Schlagabtausch, oder jeder zieht sich in sein Schneckenhaus zurück. Die Solidarität ist erloschen, und Mann und Frau vegetieren in getrennten Iglus.*

Die positiven Seiten des Winters

Wenn Sie mit Ihrer Ehe im Winter stecken, erscheint die Lage meist aussichtslos. Aber geben Sie trotzdem nicht auf! So, wie sich nur höchst selten jemand in den Schnee legt, um zu sterben, so müssen auch Sie nicht abwarten, bis Sie erfrieren. Rettung ist möglich, und sie beginnt mit dem Hoffnungsschimmer. Die Kälte des Winters weckt oft das unbändige Verlangen nach dem Frühling. Wer wirklich krank ist, ist eher bereit, den Arzt aufzusuchen, und so treibt oft eine Winterehe die Menschen zum Seelsorger, Pastor oder zum vertrauten Freund. Und wer Hilfe wirklich sucht, wird sie auch finden.

Und wenn erst der Heilungsprozess in Gang gesetzt worden ist, können Paare durchaus auch dem Winter positive Seiten abgewinnen. So sagte mir ein Mann: „Wir durften erfahren, dass wir durch das Leid unsere gemeinsamen Wurzeln wiederentdeckt haben, unser Glaube wurde gestärkt und der Charakter gefestigt." Oft sind es gerade die schweren Zeiten, die uns Geduld lehren und uns die Kraft verleihen, etwas durchzustehen.[5] Gott kann aus winterlichen Ehen etwas Gutes machen.[6] Es ist zwar ein Kampf und kein Vergnügen, aber wenn Paare nicht aufgeben und positive Schritte tun, um ihre Ehe zu verbessern, gehen sie gestärkt daraus hervor mit noch größerem Engagement für die gemeinsame Sache. Und sie sind in Zukunft bei Konflikten besser gewappnet.

Im Laufe der Zeit sind mir unendlich viele Paare begegnet, die es geschafft haben, den Winter hinter sich zu lassen und in einen neuen Frühling zu gehen. Wenn alles Fehlverhalten im Winter als Sünde bekannt und verziehen ist, schafft Vergebung Raum für die Liebe, „denn die Liebe deckt auch der Sünden Menge".[7] Indem sich auch mitten im Leid Paare den Palmzweig des Friedens gereicht haben, ist ihnen bewusst geworden, dass in ihnen, auch wenn es gar nicht danach aussah, das Potenzial zur Heilung steckte. Sie hatten nicht geglaubt, wie viel persönliche Vertrautheit wieder möglich sein würde. Die bleibenden Narben sind ein Zeichen unserer Sündhaftigkeit und zeigen, wie sehr wir der Vergebung bedürfen. Aber da sie verheilen, erkennen wir auch, wie stark Gott der Retter ist. Die Frohe Botschaft lautet, dass Verge-

5 Jakobus 1,2-4.
6 Römer 8,28-29.
7 1. Petrus 4,8.

bung und Gottes Kraft stets all denen zur Verfügung stehen, die sich danach ausstrecken. Wenn sich zwei Menschen erst einmal entschließen, der Liebe eine Chance zu geben, dann kann das schmelzende Eis des Winters die erste Frühlingssaat wässern, und der Winter hat seinen Zweck erfüllt.

Im Kapitel 7 wollen wir uns anschauen, mit welchen Hilfsmitteln wir den Winter hinter uns lassen können, um wieder den Frühling zu genießen. Aber zunächst wollen wir uns die Merkmale der drei restlichen Jahreszeiten der Liebe ansehen.

Frühling

In der Natur ist der Frühling die Zeit des Neuanfangs. Dort, wo ich wohne, weiß ich, dass es Frühling wird, wenn die Krokusse ihre Köpfchen aus der Erde strecken und mich anlächeln. Ihnen folgen schon bald die Narzissen und das sprießende Gras. Wenn die Krokusse einmal zu vorwitzig sind, deckt sie der Schnee noch einmal zu, aber das scheint ihnen nichts auszumachen, als wüssten sie ganz genau, dass diese letzten Rückzugsgefechte des Winters nicht lange andauern würden und er bald dem Frühling die Herrschaft überlassen muss. Inspiriert vom Mut der Krokusse, beginnt auch kurz darauf die ganze Natur zu knospen und ihre Schönheit zu entfalten. Wie es der Zufall will, fällt die Einkehr des Frühlings mit dem österlichen Auferstehungsfest zusammen, mit dem wir den endgültigen Triumph über den Tod feiern.

Die meisten Ehen beginnen in einem Stimmungsfrühling. Es ist so aufregend, am Anfang eines neuen Lebensabschnitts zu stehen. Man hat die Chance, alles ganz anders zu machen und verspricht sich, in guten wie in schweren Tagen füreinander einzustehen, bis dass der Tod uns scheidet. Das hört sich in der Tat nach Frühling an. Was könnte spannender sein, als zwei Leben zu vereinigen, damit sie gemeinsam auf jene Ziele zustreben, auf die hin sie erschaffen worden sind! Ja, Ehen werden im Frühling geschlossen.

Jana, eine 33-Jährige, war frisch verheiratet, als ich ihr auf einem Eheseminar begegnete. Sie strahlte noch die Frische des Frühlings aus, als sie von ihrer Ehe sprach, die kaum ein halbes Jahr währte. „Wir haben irrsinnig viel Spaß. Und es ist so aufregend, zu beobachten, wie unsere Beziehung wächst und gedeiht. Unsere Verliebtheit intensiviert sich von Tag zu Tag. Und jeder neue Tag bietet Gelegenheiten, meinem Mann auf immer neue Art zu zeigen, wie sehr ich ihn liebe. Manchmal wird mir ganz schwindlig bei unserem Höhenflug, weil ich Angst habe, es könnte nicht von Dauer sein – vor allem wenn ältere Paare dann anfangen zu unken: Wartet mal ab, nach ein paar Jahren sieht alles nicht mehr so rosig aus. *Warum eigentlich nicht? Können wir uns denn*

nicht Tag für Tag neu entscheiden, dieses Hochgefühl lebendig zu erhalten?"
Jana war glücklich über ihre Ehe, und sie wollte alles tun, damit dieses Glück anhielt. Aber diejenigen, die auf die Krokusse unbedingt Schnee rieseln lassen wollten, irritierten sie gewaltig, dennoch war diese junge Frau überzeugt, die Unkenrufe würden nicht zwangsläufig in Erfüllung gehen.

Die Ehe ist zwar kein lebenslang andauernder Frühling, aber wir können zur optimistischen Stimmung des Frühjahrs viele Male in unserem Leben zurückkehren, so, wie es immer wieder Sommer, Herbst und Winter werden kann – wenn auch nicht unbedingt in dieser voraussehbaren Abfolge. Wie schon erwähnt, folgen die Jahreszeiten der Liebe nicht chronologisch, und deshalb ist der Frühling nicht nur den Jungvermählten vorbehalten. Eine Jahreszeit folgt auf die andere in immer neuen Zyklen, und da wir Wesen sind, die Entscheidungen treffen können, liegt es an uns, ob wir uns immer wieder zum Neuanfang durchringen. Aber darüber später mehr. Zunächst einmal sollen Sie einige Paare kennen lernen, die sich gerade im Frühling ihrer Ehe befinden.

Wie wir gesehen haben, entstehen die Jahreszeiten in unserer Ehe einerseits durch die Umstände, in die wir hineingeraten, und andererseits durch unsere Reaktion darauf – wie wir selber fühlen, denken und handeln. Meist sind es die Gefühle, die unser Denken und Handeln bestimmen. Bin ich zum Beispiel aufgebracht, werde ich mir eine Gemeinheit ausdenken und danach handeln. Empfinde ich dagegen Freude, werde ich mir überlegen, wie ich sie zum Ausdruck bringen könnte. Wenn also Paare über ihre Gefühle, Gedanken und Verhaltensweisen in der Ehe sprechen, so können wir als Zuhörer daraus schließen, wie es um diese Ehe steht und in welcher Jahreszeit sie sich gerade befindet. Was sind also die Merkmale einer Frühlingsehe?

Gefühle im Frühling

Zum Frühling gehört das Hochgefühl. Man ist ausgelassen, heiter gestimmt, optimistisch – einfach glücklich.

Anna aus Little Rock ist 33 und gerade ein Jahr verheiratet. „Es ist alles so wahnsinnig aufregend", sagt sie. „Wir kennen uns schon seit zehn Jahren gut, sind sozusagen ‚miteinander gegangen', aber die Ehe, das ist doch noch etwas ganz anderes. Die Beziehung verändert sich dadurch erheblich. Der Mann, den ich liebe, steht fest an meiner Seite, und ich weiß, dass auch er sich zur Liebe öffentlich bekannt hat. Das ist neu. Durch dieses Füreinander-Einstehen sehe ich ihn mit anderen Augen. Ich bin so gespannt, was die Zukunft für uns bringt."

Alex hat mit 45 zum ersten Mal geheiratet, und das ist jetzt zwei Jahre her. Er erzählt: „Ich bin richtig gespannt, wie es mit unserer Beziehung weitergeht. Es ist so, als hätten wir gemeinsam eine Reise angetreten. Und der Weg führt manchmal über Schwindel erregende Höhen, wenn wir in die Gefühlswelten des anderen vordringen. Ich bin nur froh, mit einer Frau verheiratet zu sein, die sich mit mir weiterentwickeln will. Und auch ich will nicht aufhören zu lernen, ein besserer Ehemann zu werden."

Ich begegnete Joyce und Robert auf einem Eheseminar. In einer Veranstaltungspause bat ich Joyce, nachdem wir eine Weile geplaudert hatten, ihre Ehe mittels der vier Jahreszeiten zu beschreiben. Sie antwortete: „Wie ich Ihrem Vortrag entnommen habe, befinden wir uns eindeutig im Frühling. Was für ein Segen! Klar, die erste Hochstimmung hat sich etwas gelegt. Und doch, wenn ich meinen Mann manchmal so anschaue, dann kommt es wieder, dieses unglaubliche Gefühl, verliebt zu sein. Doch, ich bin glücklicher als jemals zuvor in meinem Leben! Ich liebe meinen Mann, und ich genieße es in vollen Zügen, verheiratet zu sein."

Paul und Regina waren seit 26 Jahren verheiratet, und Paul erzählte mir, als wir ins Gespräch kamen: „Unser erstes Kind wurde gerade am ersten Hochzeitstag geboren. So haben wir das Gefühl, eigentlich immer mit Kindern im Haus gelebt zu haben. Nun aber sind alle ausgeflogen, und wir haben plötzlich nur noch uns selbst. Aber im Grunde genießen wir diese Situation auch. Wir haben nun viel mehr Zeit, gute Gespräche zu führen, da findet ein reger Gedankenaustausch statt, wir reden über unsere Sorgen und über alles, was wir spannend finden. Und die inzwischen erwachsenen Kinder machen uns das Kompliment, dass sie genau so eine Ehe führen wollen wie wir. Das macht uns beide natürlich sehr glücklich." Nach 26 Jahren erleben Paul und Regina einen zweiten Frühling in ihrer Ehe.

Bei einen Eheseminar sprach mich Lilli nach einem Vortrag zum Thema *Sexualität als gegenseitiger Freudenspender* an. „Ja, Sie haben

Recht. Unser erfülltes Liebesleben trägt sehr dazu bei, dass ich noch immer in Jan verknallt bin. Durch ihn habe ich meine Weiblichkeit wiederentdeckt. Ich spüre dadurch jeden Tag neu, wie sehr er mich begehrt. Seit wir die körperliche Liebe wiederentdeckt haben, ist es Frühling in unserer Ehe geworden." Ja, es sind die typischen Frühlingsgefühle, die die beiden da erleben.

Denkweisen im Frühling

Im Frühling denkt man positiv – über den Partner und über das Leben ganz allgemein. Man wird sich bewusst, wie dankbar man sein kann, und rechnet nur mit dem Guten für die Zukunft. Veränderungen werden als Chance für einen Neuanfang wahrgenommen, und Paare im Frühling erwarten, das Beste aus ihrem Leben machen zu können. Als Pessimisten definieren wir manchmal einen Menschen, für den das Glas stets halb leer ist, während der Optimist es als halb voll bezeichnen würde. So sagt der Pessimist: „Es wird heute viele Schauer geben." Der Optimist aber erwartet: „Es wird zwischendurch ganz viel die Sonne scheinen." Im Frühling rechnen Paare eher mit dem Sonnenschein.

In der Natur fliegen besonders im Frühjahr die Pollen durch die Luft. Wenn Menschen über sie klagen, weiß man, dass dies nicht ihre Lieblingsjahreszeit ist. Reden sie aber über die aufblühende Natur und freuen sich über die Schmetterlinge – obgleich sie niesen –, dann weiß man, dass sie dem Frühling vor allem die positiven Seiten abgewinnen können. Das Gleiche gilt für die Ehe. Selbst in deren Frühling wird es nicht immer ohne Schwierigkeiten und Konflikte abgehen. Dennoch ist die Grundstimmung positiv. Judith beschreibt diese Einstellung so treffend: „Das Wichtigste ist, dass unsere Ehe sich weiterentwickelt. Natürlich gibt es wie bei allen anderen Paaren auch bei uns Höhen und Tiefen, aber wir streben danach, unser Leben nach der Weisheit zu gestalten, die Christus uns gelehrt hat. Wir lernen, im Gespräch zu bleiben, wir lernen, unsere Liebe nicht verdorren zu lassen und uns für die Gedanken des anderen zu öffnen. Dann bleibt es spannend, beieinander zu sein, und die Zukunft mit Gottes Hilfe zu gestalten."

Aber nicht nur der Optimismus ist kennzeichnend für den Frühling, sondern auch die Erkenntnis, allen Grund zur Dankbarkeit zu haben. Nora war seit 22 Jahren mit Alex verheiratet, als sie mir berichtete: „Die

Dinge sind nicht so, wie ich sie mir erträumt habe, aber ich blicke trotzdem optimistisch in die Zukunft. Ich bin einfach dankbar für das, was ich habe, und ich möchte, dass wir mehr daraus machen. Wenn ich beobachte, wie andere Ehen auseinander brechen, bin ich froh, dass Alex und ich uns noch immer lieben und an unserer Beziehung arbeiten."

Alex äußerte sich ähnlich: „Wir haben ganz gut gelernt, miteinander im Gespräch zu bleiben, und verstanden, dass wir durchaus nicht immer einer Meinung sein müssen. Manchmal sind wir uns einfach einig, nicht einig sein zu müssen, sondern es genügt, die Beweggründe des anderen zu verstehen. Hauptsache, wir lieben uns. Das hilft, so manchen Konflikt zu überstehen, denn in den meisten Fällen können wir uns ja doch einigen. Ich bin so dankbar für die Ehe, die Gott uns geschenkt hat."

Diese Einstellung zur Liebe gedeiht besonders gut im Frühling. Doris sagte ein halbes Jahr nach der Hochzeit: „Jeder Tag ist eine Gelegenheit, meinem Mann zu zeigen, wie sehr ich ihn liebe." Damit bekundet sie, was sie von der Liebe und von ihrem Mann hält. Sie denkt, wie es für den Frühling typisch ist.

Amelie erzählte mir Folgendes: „Mein Mann ist ausgesprochen hilfsbereit, und das hat auf mich abgefärbt. Wir achten gegenseitig darauf, dass wir unsere Gefühle nicht verletzen und wir tun viel dafür, um unsere Beziehung lebendig zu erhalten. Wir lieben uns, und wir wollen diese Liebe ein Leben lang erhalten."

Wenn es Frühling in Ihrer Ehe ist, werden Sie ganz besonders darauf achten, was Sie alles tun könnten, um dem Partner Ihre Liebe zu zeigen. Vergangenen Sonntag wurde ich nach dem Gottesdienst von einem Paar begrüßt, das seit 35 Jahren verheiratet ist. Der Mann sagte zu mir: „Wir hatten letzte Woche Urlaub, und ich nahm auf die Reise Ihr Buch *Die fünf Sprachen der Liebe für Männer* mit.[8] Das ursprüngliche Buch las ich vor Jahren, und ich dachte, ich würde die Liebessprache meiner Frau kennen. Aber in dieser Urlaubswoche haben wir viel übereinander gelernt. Es war eine der besten Wochen, die wir in den letzten Jahren gemeinsam hatten. Es ist, als würden wir noch einmal die Flitterwochen erleben. Nur ist diesmal unsere Liebe viel tiefer als damals, als wir gerade geheiratet hatten." Es wurde klar, dass hier nach 35 Ehejahren der Frühling wieder eingekehrt war.

---

8 Erschienen im Verlag der Francke-Buchhandlung (ISBN 978-3-86122-808-0).

Im Frühling ist das gegenseitige Vertrauen ganz besonders stark ausgeprägt. Man glaubt fest an die Aufrichtigkeit und Ehrlichkeit des anderen. Wenn Ihre Ehe auf dem soliden Fundament des Vertrauens erbaut ist, können Sie sicher sein, dass der Partner an seinem Eheversprechen festhält, und es fällt Ihnen leicht, im anderen immer erst das Gute zu vermuten, auch wenn zunächst einiges dagegen spricht. Diese Einstellung vermittelt Geborgenheit. Ich werde niemals vergessen, was ein junger Mann auf einem meiner Eheseminare zu mir gesagt hat: „Zehn Jahre sind wir jetzt verheiratet, und das Größte dabei ist das Vertrauen, das ich in meine Frau setzen kann. Mein Vater konnte seiner Frau nicht über den Weg trauen. Sie hatte im Laufe der Jahre so manche Affäre, und das war für meinen Vater wirklich furchtbar. Dennoch, und das bewundere ich an ihm, hat er ihr immer wieder vergeben. Meine Mutter ist vor sechs Jahren gestorben, und mein Vater ist inzwischen mit einer wunderbaren gläubigen Frau verheiratet. Ich freue mich so für ihn. Aufgrund dieser Erfahrungen bin ich wohl ganz besonders dankbar für meine Frau, für ihre Liebe und ihre Hingabe. Die Tatsache, dass ich ihr vollkommen vertrauen kann, macht mich überglücklich." So sieht ein Mann im Ehefrühling die Dinge.

Wenn wir alles tun, damit uns Optimismus, Dankbarkeit, Vertrauen und die Bereitschaft, an der Liebe zu arbeiten, erhalten bleiben, werden die Kirschbäume im Garten unserer Ehe lange blühen.

Verhaltensweise im Frühling

Für die meisten von uns bedeutet Frühling, aus dem Haus zu stürmen, um draußen aktiv zu werden. Wer genießt nicht das erste Picknick im Freien, den ersten Rasenschnitt und das Pflanzen der Stiefmütterchen. Im Frühling scheint sich die Zeit zu beschleunigen, und die meisten von uns genießen es, davon mitgerissen zu werden.

Entsprechend bedeutet es für eine Ehe im Frühling, dass sich nicht nur die Einstellung zu den Dingen ändert, sondern auch unser Verhalten. Wir suchen geradezu nach Möglichkeiten, um unsere Liebe „an den Mann oder die Frau zu bringen". Unsere Beziehung, das empfinden wir nun ganz stark, braucht neue Impulse. Aber wir werden nicht „frühlingsaktiv" aus einem blinden Aktionismus heraus, sondern verfolgen konkrete Ziele, weil wir etwas gefühlt und erkannt haben.

Unsere Ehe soll (wieder) gedeihen. Es ist die Zeit der Aussaat und des Pflanzens, und verkümmerte Stauden müssen vom alten Laub befreit werden. Beide Partner arbeiten in ihrem Gärtchen, und bevor sie an die Arbeit gehen, fragen sie sich, was sie pflanzen könnten, um dem anderen eine Freude zu machen.

Esther war bereits sieben Jahre verheiratet und erzählte mir mit glänzenden Augen: „Wir haben geplant, uns öfter mal abends richtig zünftig zu verabreden – einfach um zu reden oder irgendwas Schönes zu unternehmen. Ich bringe es sogar übers Herz, die Kinder bei den Großeltern zu lassen." Dass Esther und ihr Mann Gert aktiv geworden sind und gute Ideen in die Tat umsetzen, zeigt, dass die beiden am Anfang eines neuen Frühlings stehen.

Heidi und Jeremy sind gerade erst ein Jahr verheiratet. „Wir sind noch so richtige Turteltauben", sagte sie. „Trotzdem lesen wir schon Bücher über Kommunikation in der Ehe und gehen zu Eheseminaren. Wir wollen einfach, dass unsere Ehe gesund bleibt, und wir bitten Gott, uns dabei zu helfen. Wir sind darüber hinaus noch gut dran, weil wir beide aus christlichen Elternhäusern kommen. So haben wir die besten Vorbilder gehabt. Sollten wir da nicht aus unserem Leben etwas machen können!" Heidi und Jeremy ruhen sich aber keineswegs auf den Lorbeeren aus, die ihnen die Eltern mit auf den Weg gegeben haben, sondern tun etwas dafür, damit auch ihre Ehe auf Dauer Bestand hat und gedeiht.

Bereits in den ersten zweieinhalb Jahren ihrer Ehe haben Tim und Sandra erfahren, was der Ehewinter ist. Aber als ich ihnen begegnete, waren sie eindeutig im Frühling. Ich fragte, wie sie das geschafft hätten.

„Ich habe meinen Nebenjob aufgegeben", erzählte Tim freudestrahlend. „Wir erkannten plötzlich, dass wir durch diese zusätzliche Arbeit nicht genug Zeit für unsere Ehe zur Verfügung hatten. Das Geld war nicht schlecht, aber es war die Sache nicht wert. Außerdem sind wir in eine andere Stadt gezogen. Es war ein richtiger Neuanfang, und es gelang uns beiden, unsere Gottesbeziehung ganz neu zu beleben. Das veränderte vieles."

Sandra ergänzte: „Als Gott in unserem Leben wieder eine wichtigere Rolle spielte, entdeckten wir auf einmal ganz neu die vielen guten Seiten aneinander, und auf die haben wir uns dann konzentriert. Wir beteten wieder gemeinsam und hatten gleichzeitig sehr viel Spaß miteinander. Es war wie ein neues Leben. Es macht wieder Spaß, verheiratet zu sein, und wir wissen, dass Gott ganz viel Gutes für uns in der Zukunft bereithält."

Julius und Doro sind mir in Virginia begegnet. Und Julius begann das Gespräch: „Wir möchten Ihnen mal sagen, wie gut uns Ihre Bücher getan haben. Wir haben dadurch ein ganz neues Verständnis füreinander bekommen."

„Über 25 Jahre habe ich mich gefragt, was in ihm vorging", meldete sich Doro zu Wort. „Dann begriff ich, dass *Zweisamkeit und Zärtlichkeiten* seine Sprachen der Liebe sind. Meine Liebessprachen aber sind *Lob und Anerkennung* und *Hilfsbereitschaft*. Als ich endlich aufhörte, den ganzen Tag das Haus zu putzen, zu kochen und die Gartenmöbel zu streichen, und mich stattdessen mit ihm hinsetzte, um zu reden und ihn viel öfter als früher streichelte, fing er an, mir Liebesdienste zu erweisen und mich zu loben. Das ist ein ganz neuer Lebensabschnitt in unserer Ehe."

„Frühling nennt man so was", antwortete ich. „Und ich hoffe, er bleibt Ihnen sehr lange erhalten."

Positive Veränderungen bedürfen offenbar einer inneren Bereitschaft. Lena war 21 Jahre alt und gerade erst zehn Monate verheiratet, als ich sie und ihren Mann Mark kennen lernte. „Es ging ziemlich schnell heiß her in unserer Ehe", erzählte sie. „Aber Gott hat an uns gearbeitet, und so haben wir diese erste Hürde gut nehmen können. Er hat uns gezeigt, wie egoistisch wir waren. Wir haben ab und zu immer noch Auseinandersetzungen, aber ich fühle mich jedes Mal überwältigt von Marks entwaffnender Bereitschaft, sich selbst zu hinterfragen und sich auch zu ändern. Dadurch wächst meine Liebe zu ihm immer noch mehr."

Mark fügte hinzu: „Es ist erst Frühlingsanfang bei uns. Wir haben an einem Eheseminar unserer Gemeinde teilgenommen und dabei begriffen, dass wir beide alles andere als vollkommen sind, dass aber Gott den Wunsch hat, uns zu vervollkommnen." Ich wage die Voraussage, dass Mark und Lena ihr ganzes Eheleben im Frühling und Sommer verbringen werden, sofern ihre Bereitschaft anhält, sich verändern zu lassen. Aus Liebe etwas tun – das wird stets das emotionale Klima in einer Ehe verbessern.

Aber man sollte nichts überstürzen und einen hektischen Aktionismus entfalten. David ist seit 21 Jahren verheiratet und hat drei Kinder.

„Zu den Dingen, die unsere Ehe lebendig erhalten haben, gehört es, dass wir regelmäßig feste Zeiten in unsere Terminkalender einmeißelten, die nur für uns reserviert waren, um etwas miteinander zu tun, was uns Spaß macht. Wir haben so manches Zerwürfnis hinter uns, und das zwang uns nachzudenken, was unserer Ehe gut tun würde." Ich finde so bemerkenswert, was David sagte: „Wir *meißelten* Zeit in unsere Terminkalender." Wenn *wir* nicht Zeit füreinander finden, wird es niemand anders für uns tun!

Aber Anregungen für förderliche Aktivitäten können wir uns durchaus woanders holen. Für Jonas und Elisabeth waren die ersten acht Ehejahre ein Fiasko. „Wir waren grundsätzlich verschiedener Meinung", erzählte Elisabeth. „Die meiste Zeit haben wir gestritten, und beide bereuten wir bald, überhaupt geheiratet zu haben. Aber vor einem Jahr hat sich alles geändert. Wir wurden aktiv – jeder für sich und gemeinsam – und es war ein christlicher Seelsorger, der uns auf Trab brachte. Wir haben gelernt, das eigene Verhalten zu hinterfragen und dafür Verantwortung zu übernehmen. Damit aber verloren wir den Drang, den anderen aus Angst und Unwissenheit ständig im Schwitzkasten zu halten." Jonas und Elisabeth sind ein Beispiel dafür, dass manchmal professionelle Hilfe der einzige Ausweg ist. Die Bereitschaft, zum Seelsorger zu gehen, ist an sich schon positives Handeln, und es kommt etwas dabei heraus: Wir kehren zum Frühling unserer Ehe zurück.

Bei Andreas und Patrizia fing alles viel harmonischer an. Als ich ihnen begegnete, waren sie bereits zwei Jahre verheiratet. Andreas erzählte: „Bevor wir heirateten, suchten wir uns Ratgeber, gute Freunde und Seelsorger, die uns auf das gemeinsame Leben vorbereiten sollten. Und seitdem wird die Kommunikation in unserer Ehe groß geschrieben. Von selber wären wir gar nicht auf den Gedanken gekommen, dass der intensive Gedankenaustausch eine so wichtige Rolle spielt. Darüber hinaus ist uns wichtig, dass wir mindestens einmal am Tag gemeinsam herzhaft lachen. Lachen macht das Leben irgendwie leichter. Und wir überlegen uns jeden Tag etwas, womit wir dem andern unsere Liebe zum Ausdruck bringen: eine Liebeserklärung am Zettelbrett, ein Liebesdienst, ein aufmunterndes Wort. Es waren wunderbare zwei Jahre, und wir hoffen auf eine lange, glückliche Ehe."

Eine positive Einstellung motiviert zu guten Taten. Und gute Taten bewirken Glücksgefühle. So kommt ein positiver Kreislauf in Gang, der letztlich in den Frühling mündet. Zusammengefasst hat eine Frühlingsehe folgende Eigenschaften:

Frühling	
Gefühle:	*Hochstimmung, Überschwang, Freude*
Einstellungen:	*Optimismus, hohe Erwartungen, Dankbarkeit, Wohlwollen, Vertrauen*
Verhaltensweisen:	*Füreinander einstehen, Dinge in Angriff nehmen, Kommunikation pflegen, Hilfe und Rat suchen*
Klima in der Beziehung:	*Vital, zärtlich, offenherzig, fürsorglich. Der Frühling ist die Zeit des Neuanfangs. Die Knospen brechen auf. Falls der Gesprächsfluss eingefroren ist, taut er auf. Das Leben zu zweit macht Spaß. Die Zukunft steht offen. Es wird gepflanzt und gesät in der Hoffnung, eines Tages das Glück zu ernten.*

Die problematischen Seiten des Frühlings

Aber denken Sie nicht, im Frühling gäbe es keine Probleme. Ich möchte Ihnen von meinen Erfahrungen mit dem Giftefeu in meinem Garten berichten. Vor ein paar Jahren machte ich mich wieder einmal daran, meinen Garten fürs Frühjahr herzurichten. Dabei lernte ich, wie wichtig es ist, sich mit Pflanzen auszukennen. Ich hatte im Jahr zuvor einen Zaun gezogen, um mich vor den Kaninchen zu schützen. Als ich jetzt anfing umzugraben, bemerkte ich, dass Efeu an meinem Zaun rankte. Woher der nur kam, fragte ich mich. Ich hatte doch gar keinen Efeu gepflanzt! Aber mit ein paar kräftigen Handgriffen waren die Pflanzen bald alle ausgerissen. Am nächsten Morgen erwachte ich mit juckenden Striemen an den Händen. Da fiel mir ein, dass ich mich mit dem Efeu herumgeschlagen hatte, von dem einige Arten giftig sind. Ein paar Tage plagte mich lästiger Juckreiz.

Auch in einer Frühlingsehe geraten wir zuweilen an giftigen Efeu, und es kann unerwartet jucken und brennen. Solche Irritationen verderben einem womöglich die schönsten Wochen des Jahres. Dadurch ist nicht gleich der Frühling zu Ende, aber wir haben einfach weniger Freude daran. In der Strategie 6, die wir später vorstellen wollen, werden wir darüber sprechen, wie wir aus solchen kleinen Störungen das Beste machen. Im Augenblick möchte ich Ihnen erst einmal den Rat geben, sofort mit Ihrem Partner einen offenen Gedankenaustausch darüber zu beginnen.

Der Frühling motiviert Paare, neue Wege einzuschlagen. Es ist die Zeit des Neuanfangs und der Neubesinnung. Und wenn es uns gelingt, diese Veränderungen dauerhaft in unserem gemeinsamen Leben zu verankern, dann wird es in unserer Ehe auf einmal sommerlich warm. Ist der Neuanfang jedoch nur ein Strohfeuer, weil es uns an Durchhaltevermögen mangelt, dann überspringen wir den Sommer ganz schnell und spüren im Nu wieder das Frösteln des Herbstes, und der Winter steht vor der Tür. Den Sommer verpassen, das ist, als hätten wir die Glocke des Eismanns überhört! Solch ein Missgeschick kann dem stärksten Mann die Tränen in die Augen treiben. Im nächsten Kapitel wollen wir uns mit jener Jahreszeit der Ehe befassen, die Sie um keinen Preis verpassen sollten.

# Sommer

Hinter der Ulme und näher zum Bach habe ich fünf Fliederbüsche gepflanzt. In den ersten Jahren wuchsen sie nur spärlich. Vielleicht war der Boden nicht geeignet, oder ich habe mich zu wenig um sie gekümmert. Doch in diesem Sommer blühten sie auf einmal üppig mit feuerroten Dolden. Ich habe mir sagen lassen, dieser spezielle indische Flieder blühe in derselben Gegend zu ganz unterschiedlichen Zeiten. Und tatsächlich: Weiter oben in der Straße blühte er bereits im Juni, aber die von mir gepflanzten Büsche zeigten erst in der zweiten Julihälfte ihre Farbenpracht – als Zeichen des Hochsommers.

In dieser Zeit genießen wir auch den frischen Zuckermais, Schlangengurken und Tomaten. Gibt es etwas Leckereres als eine frisch geerntete Tomate im Hochsommer? Jeder hat natürlich seine eigenen Vorlieben. Für andere sind Wassermelonen oder Kürbis ein Hochgenuss. Sommer ist, wenn wir all das genießen, was wir im Frühling gepflanzt oder gesät haben.

Für die Kinder bedeutet der Hochsommer meist, Ferien zu haben und vom Lernen auszuspannen. Die Schulen sind geschlossen und die Schwimmbäder dafür geöffnet. Und ist ein Bach in der Nähe, gehen die Kinder Kaulquappen fangen. Die Sonne geht spät zu Bett und die Kinder auch. Glühende, verschwitzte Gesichter sind die Spuren wilder Toberei, und das Gickeln beweist, wie viel Spaß sie dabei hatten. „Müssen wir wirklich schon reinkommen? Macht gerade so'n Spaß!" Das ist Sommer pur!

Spaß ist auch das Leitthema der Ehe im Sommer. Wir genießen das Leben. Wir ernten die Früchte unserer Bemühungen, einander zu verstehen und als Team etwas auf die Beine zu stellen. Wir erleben, wie sich die Träume des Frühlings erfüllen. Das Frühlingshoffen ist zu sommerlicher Realität geworden. Die erste Euphorie mag sich gelegt haben, aber unser Zusammengehörigkeitsgefühl ist dafür stärker geworden. Die Missverständnisse nehmen ab, und wenn es wirklich einmal kracht, dann ist eine Lösung schnell gefunden.

Vielleicht stehen wir auch bereits hoch auf der Karriereleiter und die Geldquellen sprudeln. Auch Kinder mögen schon da sein. Ob wir kerngesund sind oder kränkeln, Freude im Beruf haben oder nur unser Geld verdienen – wenn wir im Ehesommer leben, begleitet uns ein Glücksgefühl, das kaum zu trüben ist. Wir fühlen uns sicher in der Liebe des anderen.

Was sind nun die typischen Gefühle, Einstellungen und Verhaltensweisen des Sommers? Auf meinen Reisen sind mir viele Paare begegnet, die sich eindeutig im Sommer ihrer Ehe befanden. Schauen wir uns ein paar Beispiele an.

Gefühle im Sommer

Der Sommer, das sind Glücksgefühle, Zufriedenheit mit dem Erreichten, Wagemut und das Bedürfnis nach Gemeinschaft. Lesen Sie, was einige Paare zu berichten haben.

Julia ist 37 Jahre alt und seit 16 Jahren verheiratet. Über ihre Gefühle sagt sie: „Der Sommer, das heißt einfach, sich pudelwohl zu fühlen. Unsere Herzen schlagen im gleichen Takt, und deshalb fällt es uns auch nicht schwer, im Gespräch zu bleiben."

Harri, 63, ist seit 41 Jahren verheiratet. „Es ist ein gutes Gefühl, zufrieden zu sein. Das ist der Sommer in unserer Ehe. Mit *zufrieden* meine ich nicht, dass ich mich mit allem schon *zufrieden gebe*, was ist. Ich habe nicht aufgehört, nach Besserem zu streben. Es existiert aber da so ein Gefühl, das ich kaum in Worte fassen kann. Es stimmt einfach alles zwischen uns beiden. Wir sind füreinander da." Harri strahlte seine Johanna an, sie nickte und ergänzte: „So ist es. Und wir sind fest entschlossen, uns das zu bewahren."

In Washington ist mir Marc bei einem Eheseminar über den Weg gelaufen. 20 Jahre war er bereits mit Jenny verheiratet, und er berichtete: „Ich denke, wir sind gerade im Ehesommer. In der Vergangenheit hatten wir eine Menge Probleme im Berufsleben, mit der Kindererziehung, und gesundheitlich waren wir auch angeschlagen. Aber wir haben uns durchgebissen und sind jetzt stärker als je zuvor. In der Beziehung klappt es sehr gut, und wir haben lange nicht mehr so viele Konflikte wie früher. Es ist einfach ein Glücksgefühl, überlebt zu haben und uns immer noch so zu lieben." Marc ist eigentlich ein stiller, reservierter Mann, und so war ich erstaunt, wie emotional er über seine Empfindungen redete. Jenny meinte noch: „Ich bin nur froh, dass wir nicht die Flinte ins Korn geworfen haben, als es richtig heftig wurde. Was wir jetzt erreicht haben, war alle Mühe wert."

Die 29-jährige Vanessa äußerte sich wie folgt, als ich sie bat, ihre 10-monatige Ehe zu beschreiben: „Wir haben's geschafft. Es geht uns jedenfalls richtig gut, nachdem es ein gutes halbes Jahr gar nicht recht klappen wollte." Sie warf Rainer einen Blick zu und fuhr fort: „Er hat inzwischen verstanden, was ich damit meinte, als ich ihm sagte, ich hätte nie das Gefühl, etwas Besonderes für ihn zu sein, von ihm wirklich geliebt zu werden, und er täte all das nicht mehr, was er mir vor der Hochzeit zukommen ließ. Als er aber meine Liebessprache kennen lernte und anfing, sie zu sprechen, fühlte ich mich wieder ganz geliebt. Ja, die letzten beiden Monate, da ist der Sommer bei uns ausgebrochen."

„Und wie sieht Rainer das?", erkundigte ich mich.

„Sie spricht auch meine Liebessprache, und so geht's auch mir in unserer Beziehung gut", antwortete er. „Vanessa erwartet unser erstes Kind, und ich hoffe, dass es bei uns sommerlich bleibt, auch nachdem das Kleine auf der Welt ist." Offensichtlich haben Vanessa und Rainer es geschafft, ihre Beziehung auf eine solide Basis zu stellen, nachdem der Anfang ihrer Ehe eher holprig war.

Der Sommer wird sich häufig gerade in einer sehr aktiven Lebensphase einstellen, dennoch muss Geschäftigkeit nicht die Intimität zerstören. Patrizia ist mit Robert seit drei Jahren verheiratet. Sie erzählt: „Ich fühle mich in dieser Ehe wohl. Obgleich wir beruflich ziemlich eingespannt sind, sind wir sehr glücklich miteinander. Wir nehmen uns bewusst Zeit für genügend Zweisamkeit. Und das bedeutet, dass wir uns in der Liebe des anderen geborgen fühlen, und ich hoffe, dass wir's auf Dauer so halten können."

Sabine lebt in Texas und ist mit Daniel seit 14 Jahren verheiratet. Es ist seine erste und ihre zweite Ehe. Sie erzählte, als wir ins Gespräch kamen: „Unsere Ehe ist ganz bestimmt gerade im Sommer. Ich kann mich einfach fallen lassen, weil Daniel mir so viel Geborgenheit gibt. Er ist sehr um mich besorgt, und ich hoffe, dass auch er weiß, wie sehr ich ihn liebe." Sie streckte ihre Hand aus und hielt Daniels liebevoll. Er lächelte und sagte: „Ich glaube ihr. Wir sind tatsächlich so dankbar, dass Gott uns mit dieser guten Ehe beschenkt." *Glück, Zufriedenheit, innerer Friede, Freude und Geborgenheit* – das sind die Gefühle eines Paares im Sommer ihrer Ehe.

Denkweisen im Sommer

Zahlreiche Blumenkübel und Töpfe stehen auf unserer Terrasse. Es blüht und sprießt dort den ganzen Sommer über: Fleißige Lieschen, Gerbera, Hibiskus, Petunien, Geranien und Rittersporn. Aber Pflanzen in Kübeln reagieren sehr empfindlich auf Wassermangel. Bekommen sie nicht genug davon, welken sie schnell. Die Ersten, die ihre Köpfe hängen lassen, sind die Fleißigen Lieschen – wahrscheinlich, weil sie so fleißig sind.

Ehen im Sommer sind wie diese Blumen. Sie sind eine Pracht, aber sie müssen gegossen werden! Paare, denen es gelingt, die Sommerperiode weit auszudehnen, haben gelernt, ihre Ehe zu „wässern". Sie haben erkannt, dass der Sommer nicht ohne vorherigen Einsatz so blütenreich ist. Es musste erst gepflanzt und der Boden gedüngt werden. Nun aber, da alles blüht und gedeiht, müssen sie etwas tun, damit diese Pracht auch erhalten bleibt – und sie tun es mit Hingabe.

Eva war schon seit fünf Jahren mit Tim verheiratet, und sie erlebten gerade den Sommer der Liebe. Sie erzählte mir: „Es ist, wie mit dem allerbesten Freund zusammenzuleben. Es macht so viel Spaß, und ich genieße es in vollen Zügen. Aber mir ist auch bewusst, dass diese romantische Seite unserer Beziehung der Pflege bedarf, sonst treibt uns der Alltag ganz schnell auseinander."

Tim konnte ihr nur beipflichten. „Und der Sommer ist mehr noch als der Frühling eine Zeit der Reife. Einige Illusionen des Frühlings haben sich in Luft aufgelöst. Es fällt uns nicht alles in den Schoß. Liebe, Zuneigung, Romantik – das alles muss man pflegen, wenn der Alltag einkehrt. Man muss sich *zu Hause* fühlen in seinem Leben, mit allem, was dazugehört. Wir sind inzwischen sehr vertraut miteinander geworden – auch mit unseren Fehlern. Wir haben erfahren müssen, dass das Leben zuweilen sehr hart sein kann, und *trotzdem* lieben wir uns noch so. Oder gerade deswegen. Wir wachsen dabei zusammen – wir beide miteinander und wir beide mit Gott. Uns ist klar, dass die Liebe der täglichen Zuwendung bedarf, und das wollen wir beherzigen, um sie lebendig zu erhalten."

Max und Britta sind seit zwölf Jahren verheiratet. Auch sie glauben, dass ihre Ehe im Sommer ist. Wachstum, das ist ihr großes Thema. Max erzählt: „Wir kommen ausgezeichnet miteinander zurecht, aber ich weiß auch, dass wir uns nicht einfach so durch diese schöne Zeit treiben lassen können. Wir sind inzwischen sehr vertraut miteinander, aber das bedeutet nicht, dass wir es uns leisten können, einander im Alltag aus den Augen zu verlieren. Ich suche ständig nach Möglichkeiten, Gemeinschaft zu pflegen und ihr meine Liebe zu zeigen."

Britta scheint es genauso zu sehen: „Wir sind zufrieden mit unserem Leben und mit unseren Berufen, und den Sohn haben wir auch ganz ordentlich erzogen. Wir haben eine schöne Gemeinde. Ja, es gäbe noch so vieles zu nennen. Es ist immer schön, wenn wir zusammen sind, und es gelingt uns heute viel schneller als früher, Konflikte zu bereinigen. Wir pflegen ganz bewusst unsere Beziehung – jedenfalls mehr als noch vor fünf oder sechs Jahren. Es ist einfach die Erkenntnis gewachsen, dass immer noch etwas zu verbessern ist, und so halten wir uns gegenseitig darüber auf dem Laufenden, was uns gut tut."

Alina hatte es schwer im Leben gehabt. Sie war bereits zum dritten Mal verheiratet. Sie sagte zu mir: „Es tut so ungemein gut, endlich einmal einen Ehesommer zu erleben. Ich bin glücklich dabei, aber ich weiß auch, dass man's immer noch besser machen kann. Fünf Kinder habe ich in diese Ehe mitgebracht, mein Mann aber war vorher nie verheiratet und hat keine eigenen Kinder. Es fiel nicht ganz leicht, sich an diese Situation zu gewöhnen. Aber Gott ist treu gewesen. Und ich freue mich schon darauf, noch viele neue Erfahrungen zu machen. Ich weiß, dass mein Mann offen ist und mit mir am selben Strang zieht, wenn es darum geht, unsere beiden Schicksale zusammenzufügen."

Sommer, das bedeutet nicht Perfektion. Aber Paare in dieser Jahreszeit haben erfahren, wie schön das Leben sein kann, und so wollen sie alles tun, um das Gute zu bewahren. Sie wissen aus Erfahrung, dass es nicht ohne Einsatz geht. Sie sehen ihre Beziehung in einem freundlichen Licht, sie genießen die Nähe des Partners, und sie sind fest entschlossen, „die Blumen zu gießen". Diese Einstellung lässt uns handeln, damit das Sommerglück Bestand hat.

Verhaltensweise im Sommer

Für die meisten von uns ist der Sommer eine Zeit erhöhter Aktivität. Wir verreisen gern und sind erlebnishungrig. Das Wetter lädt ein, die Natur mit all ihrer Vielfalt zu genießen. Im Sommer wird also viel unternommen, was Spaß macht.

Und auch in der sommerlichen Ehe fördert das emotional wohlige Klima unsere Bereitschaft zum Handeln. Die Atmosphäre ist entspannt, wir verstehen einander besser als je zuvor, wir sind toleranter, und wir haben es mittlerweile gelernt, Streitigkeiten beizulegen. Und obgleich alles ganz harmonisch läuft, lassen wir uns so manches einfallen, was die Blumen wässert.

Konstruktives Gespräch

Die Bereitschaft zum konstruktiven Dialog ist ein wichtiges Merkmal der Sommerehe. Ich begegnete Nora zum ersten Mal, als sie 48 Jahre alt war und sechs Jahre verheiratet. Sie deutete an, dass sich ihre Ehe gewiss gerade im Sommer befände. „Es macht richtig Spaß, verheiratet zu sein. Ich habe mit 42 geheiratet, und es war das erste Mal für mich. Ich war zwar auch ganz glücklich als Single, aber jetzt in der Ehe ist es doch noch schöner." Als ich sie fragte, was denn das Wichtigste in ihrer Beziehung sei, sagte sie nur ein einziges Wort: „Das Gespräch!"

Und sie fuhr fort: „Mein Mann brachte einen 12-jährigen Sohn und eine 14-Jährige mit in die Ehe. Hätten wir damals nicht viel miteinander geredet, wäre die Pubertät der beiden eine schwere Belastung für uns geworden. Außerdem war da noch die Mutter der Kinder, eine Alkoholikerin, die nichts mehr mit Sohn und Tochter zu tun haben wollte. Mein Mann und ich mussten einen regen Gedankenaustausch pflegen und die Kinder häufig mit einbeziehen. So viel Aussprache – das hat unsere Ehe stark gemacht. Und ich hoffe, dass wir uns diese Gesprächskultur auf Dauer bewahren."

Es ist schon auffällig, wie oft gerade diejenigen Paare, die gewiss sind, sich im Ehesommer zu befinden, den hohen Stellenwert des Gespräches herausheben. Jeremy und Ruth haben bereits mit 18 geheiratet. Inzwischen sind dreißig Jahre vergangen. Und Ruth war sich sicher, schon lange Jahre den Ehesommer zu erleben. „Wir waren bereits beste

Freunde, bevor wir heirateten, und wir sind es noch heute. Das macht unsere Ehe glücklich. Wir fühlen uns wohl miteinander, und es ist ganz viel Vertrautheit da. Weil sich dann vor ein paar Jahren doch einige Probleme einstellten, waren wir gezwungen, noch viel intensiver ins Gespräch zu kommen. Das hat uns geradezu Spaß gemacht, und es ist eine ganz besondere Erfahrung, wenn man schon dreißig Jahre verheiratet ist. Es gibt so viel Geborgenheit, und man ist sich ganz sicher, den Ehesommer zu erleben."

„Was also ist das Geheimnis einer so glücklichen Ehe?", wollte ich wissen.

„Bei der Hochzeit gaben wir uns das traditionelle Eheversprechen, aber hinterher haben wir uns noch unter vier Augen ein paar weitere Dinge versprochen: Erstens: Es bleiben immer alle Türen offen zwischen uns, komme, was da wolle. Wer von uns reden will, der bekommt die Chance zum Gespräch. Zweitens: Wir lassen die Sonne niemals über unserem Zorn untergehen, weil wir wissen, wie zerstörerisch Groll für eine Ehe sein kann. Und so haben wir so manche Nacht durchwacht, weil wir erst am Morgen alle Konflikte ausgeräumt bekamen. Drittens: Weil wir aus sehr unterschiedlichen Elternhäusern kommen, sind wir auch grundverschieden geprägt. Darüber wollen wir uns immer im Klaren sein und uns nicht gegenseitig verurteilen, wenn diese Prägung sich störend bemerkbar macht."

In meiner Seelsorgepraxis habe ich im Laufe der Jahre beobachtet, dass Paare, die eine ausgeprägte Gesprächskultur pflegen, am schnellsten praktikable Lösungen für ihre Probleme finden.

Jeremy äußerte sich ganz ähnlich wie seine Frau: „Man atmet richtig auf, wenn man in seiner Ehe schon verschiedene Jahreszeiten hinter sich hat und schließlich im Sommer ankommt – und dann auch noch erkennt, dass frühere Investitionen sich gelohnt haben, weil jetzt die Dividende ausgeschüttet wird. Davon profitieren nicht nur wir als Paar, sondern auch unsere ganze Familie."

„Wie ist es Ihnen gelungen, den Sommer in Ihre Ehe einziehen zu lassen?", fragte ich.

„Ganz einfach", antwortete Jeremy. „Wir hatten uns ja ganz am Anfang etwas versprochen, was in Vergessenheit geraten war, nämlich offen und ehrlich miteinander umzugehen, und wir beherzigten jetzt auch wieder die Regel, nicht über unserem Zorn einzuschlafen. Wir verständigten uns darauf, zu vergeben, zu vergessen und uns mit jener Liebe zu lieben, die Christus gestiftet hat." Es wurde mir klar, dass Jeremy und Ruth begriffen hatten, wie man sich auf Dauer den Sommer erhält. Warum aber ist die Kommunikation so wichtig? Weil wir uns nur durch den Gedankenaustausch wirklich kennen lernen, und das wieder ist die Voraussetzung für eine gute Zusammenarbeit in einem solidarischen Team.

Es fällt nicht immer leicht, Zeit für ausreichende Kommunikation zu schaffen. Elli und Samuel sind seit 27 Jahren verheiratet. „Ich bin sehr zufrieden mit unserer Ehe", berichtet sie. „Und gerade im Augenblick freuen wir uns schon mächtig darauf, dass mein Mann in Kürze seinen bisherigen Beruf aufgibt, um in den vollzeitlichen geistlichen Dienst zu treten. Wir haben schöne Zeiten, aber auch harte Zeiten hinter uns. Doch unser Rezept ist eigentlich immer gewesen, dass wir ausgiebig miteinander reden. Damit haben wir uns immer wieder gegenseitig aufgerichtet. Manchmal machen wir extra dafür einen Spaziergang, oder wir nehmen das Auto, um allein zu sein. Immerhin haben wir fünf Kinder, und meine Schwiegereltern wohnen auch noch bei uns. Meistens müssen wir also das Haus verlassen, um ungestört reden zu können. Für den kurzen Gedanken- und Informationsaustausch finden wir natürlich immer zwischendurch Zeit und Gelegenheit. Auch das stärkt das Zusammengehörigkeitsgefühl."

Unterschiede hinnehmen

Eine zweite wichtige Verhaltensregel, die man im Sommer eher beherzigt, ist die Toleranz. Unterschiede sind unvermeidlich, aber sie können auch trennend wirken. Paare, die sich den Sommer bewahren wollen, müssen einander die Freiheit geben, anders zu denken, zu fühlen und zu handeln.

Laura und David sind seit acht Jahren jeweils in zweiter Ehe verheiratet. Und sie sind sich einig, dass Toleranz den Sommer in ihrer Ehe erhalten hat. „Wir gestehen einander die Unterschiede zu", sagte David, nachdem wir ins Gespräch gekommen waren. „Das war und ist ein Lernprozess. Und wir beide haben in unseren vorigen Ehen die Erfahrung machen müssen, dass ohne Toleranz der Ehestreit geradezu vorprogrammiert ist. Und da haben wir uns fest vorgenommen, alles zu tun, um Liebhaber zu bleiben und keine Streithähne zu werden. Folglich geben wir einander die Freiheit, unterschiedlich zu sein."

Viola und Steffen sind schon beide über siebzig und seit 53 Jahren verheiratet. „Eine Ehe, wie wir sie geführt haben, das ist schon ein großer Segen", sagte Viola. „Natürlich haben auch wir immer wieder Höhen und Tiefen erlebt, aber wir lieben uns dennoch so sehr und fühlen uns gesegnet, weil wir einander haben. Wir haben gelernt, über unsere Handicaps hinwegzusehen und uns auf die guten Seiten zu konzentrieren. Beide sind wir der Auffassung, das Leben sei zu kostbar, um es im Streit zu verbringen. Und so haben wir es mit Gottes Hilfe geschafft. Wir teilen Freud und Leid. Vor kurzem mussten wir mit dem tragischen Tod unseres Sohnes fertig werden. Aber Gott ist immer noch bei uns – und wir haben einander! So werden wir es gemeinsam schaffen." Wenn also auch Sie in Ihrer Ehe die Sommerblumen blühen lassen wollen, wird Ihnen nichts anderes übrig bleiben, als die kleinen und größeren „Macken" Ihres Partners zu übersehen.

Seminare und Bücher

Was kann man noch tun, um im Sommer aktiv zu werden? Eine weitere Möglichkeit wäre, Eheseminare zu besuchen und Ehebücher zu lesen. Auf einer solchen Veranstaltung begegnete ich Gerd und Barbara. Damals waren sie seit 28 Jahren verheiratet und erlebten offensichtlich den Sommer ihrer Ehe. Barbara erzählte: „Ich bin froh, darauf bauen zu können, dass mein Mann mich liebt, und er soll wissen, dass ich ihn liebe. Erst vor kurzem mussten wir beide durch eine harte Zeit gehen, als unsere Tochter sich scheiden ließ. Sie und unsere Enkeltochter sind daraufhin bei uns eingezogen. Aber trotz all dieser Widrigkeiten ist unsere Ehe nur noch stärker geworden. Geholfen hat uns vor allem, dass wir Eheseminare besucht haben. Das hat uns sehr viel gebracht. Wir würden jedem anderen Paar empfehlen, mindestens einmal im Jahr eine solche Veranstaltung zu besuchen."

Susanne und Andi sind seit 17 Jahren verheiratet. Sie beschreibt ihre Ehe als spätsommerlich mit herbstlichen Tagen. „Wir hatten ein paar ziemlich schwere Jahre hinter uns. Aber vor drei Jahren besuchten wir ein Seminar mit dem Titel *Seine Bedürfnisse – ihre Bedürfnisse im Leben der Gemeinde*. Dazu las ich Ihr Buch *Die fünf Sprachen der Liebe*. Und ich begriff, dass ich es meinem Mann leichter mache, meinen Bedürfnissen entgegenzukommen, wenn *ich* anfange, seine zu stillen und seinen Liebestank zu füllen. Erst nach 14 Jahren habe ich begriffen: Wenn ich nicht den Mund aufmache, um über meine Bedürfnisse zu reden, wird unsere Ehe irgendwann den Bach runtergehen. Wir müssen also immer am Ball bleiben. Und so haben wir uns entschlossen, einmal im Jahr an einem Eheseminar teilzunehmen." Bemerkenswert finde ich den Satz, den Susanne zum Schluss noch anfügte: „Es ist inzwischen meine feste Überzeugung, dass ich lieber etwas versuche und scheitere als die Hände in den Schoß zu legen und das als Erfolg zu verkaufen."

Ich wage die Prognose: Mit dieser Einstellung und dem Entschluss, aktiv zu bleiben, werden Susanne und Andi viel Zeit haben, die Blumen im Sommer ihrer Ehe zu genießen.

Geistliches Wachstum

Viele Paare haben mir zu verstehen gegeben, dass sie vor allem deswegen im Sommer ihrer Ehe geblieben sind, weil sie Mittel und Wege gefunden haben, ihr geistliches Wachstum in Gang zu halten. Bea und Jan sind seit neun Jahren verheiratet, und sie berichtet: „Es ist schön, jemanden zu haben, der dieselben großen Ziele hat. Wir sind nicht immer im Sommer gewesen, aber als wir unsere Ehe Gott anvertrauten und ihn gewähren ließen, veränderte sich bei uns vieles. Wir wissen inzwischen, dass es für uns höhere Ziele gibt, als nur eine glückliche Ehe zu führen. Es geht vielmehr darum, sein Leben für Gott einzusetzen – zu seiner Ehre zu wirken. Diese Erkenntnis hat unserem Leben und unserer Ehe eine ganz neue Dimension gegeben."

Daniel und Maria sind seit 14 Jahren verheiratet. Daniel erzählt: „Wir sind sehr gläubig und davon überzeugt, dass der Erfolg unserer Ehe dieser Tatsache zuzuschreiben ist. Das Leben in der Gemeinde hat erheblich dazu beigetragen, uns als Paar den nötigen Zusammenhalt zu geben. Wir haben uns vor allem in der Hauskreis- und Kleingruppenarbeit engagiert – gemeinsam und auch jeder für sich. Dadurch haben wir eine gemeinsame Aufgabe, und viele Leute müssen sich auf uns verlassen können. Gemeinsames Engagement hat einen großen Wert, weil man Hand in Hand arbeitet und Positives bewirkt. Maria und ich beten auch häufig zusammen. Wir lesen – jeder für sich – die Bibel und reden dann hinterher darüber. Wir schätzen die Lektüre christlicher Bücher, und wir führen jeden Tag sehr offene Gespräche. Und wenn wir dann noch regelmäßig danach Ausschau halten, wie wir einander Freude machen können, dann merken wir, wie sehr der Geist Gottes unsere Ehe bereichert. Mit wem sollten wir da tauschen wollen!"

Immerhin hat Gott die Ehe gestiftet! Da ist es doch nur logisch, dass diejenigen Paare, die ihn um Rat fragen, auch die glücklichsten Ehen führen. Und die Forschung bekräftigt diese Annahme.

Im Sommer bleiben

Jede normale Ehe wird irgendwann auch ihren Sommer haben, aber was kann man tun, um diesen Zustand zu erhalten? Um diese Frage zu beantworten, möchte ich Ihnen zwei Paare vorstellen – eins ist erst seit kurzem verheiratet und das andere schon längere Zeit. Beachten Sie, wie die typischen Elemente des Sommers in die jeweiligen Schilderungen eingewoben werden.

Sven und Lea sind erst wenige Jahre verheiratet. Und Sven erzählte, als ich mich nach ihrer Ehe erkundigte: „Wir waren schon fast vier Jahre befreundet, als wir endlich heirateten. Aber das ist inzwischen auch schon wieder fünf Jahre her. Und in dieser Zeit haben wir einiges durchmachen müssen: Wir waren gezwungen, in eine ganz andere Gegend zu ziehen und eine neue Arbeitsstelle zu suchen, dann ließen sich meine Eltern nach fast dreißig Jahren Ehe scheiden, und es passierten noch viele andere Missgeschicke. Aber all diese Schwierigkeiten haben dafür gesorgt, dass unsere Ehe gefestigt wurde. Durch Gebet, Bibellektüre, unsere gegenseitige Liebe und die Rückendeckung durch Mitchristen und Angehörige haben wir all diese Herausforderungen gemeistert. Noch immer haben wir einen Abend in der Woche, an dem wir uns sozusagen fest *verabreden* – und wenn es nur darum geht, einen Spaziergang zu machen oder auf der Couch zu sitzen und zu plaudern. Vielleicht gehen wir auch rüber zur Eisdiele. Wir haben begriffen, dass wir etwas für unsere Beziehung tun müssen, und letztlich macht das auch noch ganz viel Spaß."

Iris und Georg sind seit 38 Jahren verheiratet, und Georg beschreibt seine Ehe wie folgt: „Es ist Sommer bei uns geworden, nachdem wir uns durch Herbst und Winter hindurchgekämpft haben. Ganz am Anfang war es noch ein bisschen frühlingshaft in unserer Ehe. Ja, wir hatten auch Spaß. Aber jetzt, wo wir endlich den Sommer erleben, merken wir erst, wie schön diese Jahreszeit ist. Nachdem wir viele Herbste und Winter erlebt hatten, blieb uns nur noch, den festen Entschluss zu fassen, es noch einmal ganz von vorn zu versuchen – uns sozusagen noch einmal die Ehe zu versprechen. Das nahmen wir uns vor, koste es, was es wolle. Wir taten, was nötig war, auch wenn uns manchmal überhaupt nicht danach war. Und die noch vorhandene sexuelle Anziehungskraft half uns zunächst über manches hinweg. Vor allem aber hat uns geholfen, dass wir Gott vertrauten, christliche Ehebücher lasen und Eheseminare besuchten."

Fassen wir an dieser Stelle noch einmal die Merkmale einer Sommerehe zusammen:

Sommer	
Gefühle:	*Glück, Zufriedenheit, Erfüllung, Verbundenheit und Nähe*
Einstellungen:	*Gegenseitiges Vertrauen, Entschlossenheit zum Erhalt des Sommers, Zuversicht*
Verhaltensweisen:	*Gespräch suchen, trotz Unterschiede auf den anderen zugehen, Seminare besuchen, Lektüre einschlägiger Literatur, gemeinsame Aktivitäten im sozialen Umfeld*
Klima in der Beziehung:	*Geborgenheit und Nähe, fürsorglich, verständnisvoll. Im Sommer einer Ehe werden die Träume des Frühlings wahr. Paare profitieren von dem, was sie am Anfang investiert haben. Konflikte werden konstruktiv beigelegt. Unterschiede werden erkannt und genutzt, um die Beziehung zu stärken. Mann und Frau entwickeln ein intensives Zusammengehörigkeitsgefühl.*

Die problematischen Seiten des Sommers

Bevor wir uns der nächsten Jahreszeit zuwenden, muss ich noch eine Warnung aussprechen – vor den Wespen im Sommer. Neulich riss ich unten am Bach Unkrautbüschel aus, als ich offenbar zu nahe an ein Erdnest von Wespen geriet. Im Nu wurde ich von einem Bataillon dieser schwarzgelben Krieger eingekreist, und ich rannte um mein Leben, während sie mir hartnäckig auf den Fersen blieben. Bevor ich Schutz im Haus fand, hatten sie schon vierzehnmal zugestochen, was mir viele Stunden heftigste Schmerzen bereitete.

In der Sommerehe sind die Erdwespen ein Bild für die ungelösten Konflikte der Vergangenheit, die im Untergrund ihre Nester gebaut haben. Vielleicht genießen wir den Sommer in vollen Zügen, wir freuen uns an den blühenden Blumen, reißen ein paar Unkräuter am Rande unserer Beziehung aus und denken gar nicht mehr daran, dass es noch eine verborgene Ebene in unserer Beziehung gibt – ein unterirdisches Nest von unerledigten Konflikten. Wenn nun einer der Partner unbedacht dem Erdloch zu nahe kommt, dann stürzen sich die schwarzgelben Krieger auf ihn, und mitten im Sommer gibt es unvermittelt ein Hauen und Stechen. In der Strategie 4, die wir später erläutern, bekommen Sie ein paar praktische Tipps, wie man diese Plagegeister loswird. Im Augenblick möchte ich Sie erst einmal dafür sensibilisieren, dass diese Gefahr immer besteht, und möglichst rechtzeitig erkannt werden sollte, wenn wir uns die sommerliche Stimmung bewahren wollen.

Der Sommer ist mir persönlich die liebste Jahreszeit – auch in der Ehe. Karolyn und ich haben die meiste gemeinsame Zeit bei sommerlichen Temperaturen verbracht, aber es ist keineswegs immer so gewesen. Ziemlich zum Anfang unserer Ehe haben wir erfahren, wie kalt der Winter sein kann, und es hat einige Zeit gedauert, bis wir da wieder herauskamen. Ein paar Frühlingstage hat es damals auch immer gegeben und etwas längere Herbstepisoden. Bis wir jedoch den Sommer erreichten, verging geraume Zeit. Aber vielleicht ist das der Grund, warum wir, als es endlich Sommer wurde, fest entschlossen waren, uns diese Jahreszeit auf Dauer zu bewahren. Noch ist nicht sicher, ob wir das gesteckte Ziel auch erreichen. Hin und wieder schwächelt auch bei uns der Sommer, aber immer nur für kurze Zeit.

In jeder Ehe kann nach einem herrlichen Sommer ganz unvermittelt der Herbst einziehen. Der Herbst ist zwar nicht so traumatisch wie der

Winter, aber auch lange nicht so schön wie der Sommer. Im nächsten Kapitel werden wir uns mit der Ehe im Herbst beschäftigen, mit den Gefühlen, Einstellungen und Verhaltensweisen, die dem Paar deutlich machen, dass auch in ihrer Ehe die Blätter fallen und die Blumen welken.

Herbst

Bei uns in North Carolina und in vielen Teilen der Welt ist der Herbst die wohl farbenfrohste Zeit des Jahres. Dann sind die bewaldeten Hügel bunt bemalt. Überall leuchtet es gelb, orange und weinrot. Die Botaniker können uns zwar ganz genau erklären, warum die Blätter ihre Farbe wechseln, aber den meisten Menschen genügt es, sich lediglich an dem herrlichen Farbenspiel als Kunstwerk der Natur zu erfreuen.

Wir genießen dann jeden schönen Tag, denn wir wissen ganz genau: Diese Farbenpracht ist vergänglich. Schon bald wird ein eisiger Wind in die Blätter fahren und das bebende Laub von den Ästen wehen, bis diese kahl in den Himmel ragen. Interessant dabei ist, dass nicht alle Blätter gleichzeitig von den Bäumen fallen. Über etwa sechs Wochen verteilt verblasst ganz allmählich die Schönheit des Herbstes, bis die Wälder endgültig ihr schmückendes Kleid abgelegt haben. Und niemand kommt mehr in die Berge, um kahles Geäst zu bewundern.

Das fallende Laub ist ein beeindruckendes Bild für das, was in einer herbstlichen Ehe geschieht. Im Frühherbst ist dem Anschein nach alles noch in Ordnung. Außenstehende mögen sogar meinen, dies sei eine besonders glückliche Ehe. Doch im Innern sind die Veränderungen nicht mehr zu übersehen. Kommen dann aber die Herbststürme auf, wird der Verfall einer Ehe offenbar. Der Herbst ist das Vorspiel zum Winter, aber wie alle anderen Ehejahreszeiten hat auch er seine typischen Gefühle, Einstellungen und Verhaltensweisen.

Gefühle im Herbst

Die Gefühlswelt im Herbst ist von Traurigkeit und Melancholie geprägt. Man erwartet nichts Gutes mehr, fühlt sich missverstanden und innerlich leer. Paare im Herbst werden sich bewusst, dass etwas nicht stimmt, auch wenn sie es sich gegenseitig noch nicht eingestehen mögen. Aber der Zustand der Ehe löst Besorgnis aus.

Margot ist 53 und bereits seit 32 Jahren verheiratet. Achten Sie einmal darauf, wie emotional ihre Worte klingen, wenn sie ihre in den Herbst geratene Ehe beschreibt: „Es ist, als hätte ich den Boden unter den Füßen verloren, aber mein Mann scheint überhaupt noch nicht mitbekommen zu haben, dass etwas nicht stimmt. Ich jedenfalls leide sehr. All die Jahre war immer alles wichtiger wie unsere Beziehung: die Kinder, Leos Beruf und der hektische Alltag. Und da verwundert es nicht, dass nun, da die Kinder aus dem Haus sind, auch wir nichts mehr haben, was uns zusammenhält. Es ist erschreckend, wie schnell wir uns voneinander entfernen. Und ich habe keinen blassen Schimmer, was dagegen zu tun wäre. Manchmal habe ich das Gefühl, alles würde über mir zusammenbrechen."

Ich begegnete Kim auf einem meiner Eheseminare. Ihre Ehe dauerte schon 22 Jahre, aber sie machte sich ernsthaft Sorgen um deren Zustand. „Ich denke, wir sind schon im Spätherbst angekommen, und der Winter steht vor der Tür", sagte sie.

„Und wie fühlt es sich an in dieser Ehejahreszeit?", erkundigte ich mich.

„Man ist ziemlich durcheinander, und es wird einem ganz schön bange. Man weiß nicht mehr weiter, fühlt sich ausgebrannt und steht irgendwie ständig unter Stress", erwiderte sie. Darauf beschrieb sie mir ihren Alltag und nannte die Gründe, die ihrer Meinung nach zu den Spannungen geführt hatten. Ihr Mann, der die ganze Zeit zugehört hatte, sagte kein Wort dazu. Als ich ihn fragte, wie er sich denn in seiner Ehe fühle, blieb er einsilbig und brummte: „Na, schlecht!"

Marvin ist 53 und seit 31 Jahren verheiratet. Er beschreibt seine Empfindungen wie folgt: „Ich bin sehr niedergeschlagen und fühle mich total mutlos. Niemand mag mich. In dieser Phase möchte ich nicht bleiben. Und mit unserer Ehe läuft es gar nicht gut. Wenn sich nicht bald was verändert, werden wir es nicht schaffen." Marvin und seine Frau sind offensichtlich in den letzten Herbsttagen angekommen. Wenn nicht noch etwas Entscheidendes passiert, steht der Winter unmittelbar bevor. Allein seine Bemerkung machte Mut: „Ich denke aber, dass meine Frau und ich von Ihrem Seminar profitieren werden, und wir haben einige Bücher gekauft, die wir zusammen lesen wollen. Vielleicht helfen sie uns ja, unsere Beziehung neu auszurichten."

Der Herbst stellt sich manchmal schon sehr früh in einer Ehe ein. Esther und Karl waren seit 18 Jahren verheiratet, als wir uns begegneten, aber es hatten sich, wie sie berichteten, schon gleich zu Anfang ihrer Beziehung die ersten Anzeichen des Herbstes bemerkbar gemacht.

„Karl hat mich vom ersten Tag unserer Ehe nicht ernst genommen", beklagte sich Esther. „Ein paar Jahre konnte ich damit umgehen, aber dann hat er sich auch noch eine Affäre geleistet. Es ist die eine, von der ich weiß. Letztes Jahr bekam er dann eine handfeste Depression. Bei der Therapie stellte sich heraus, dass er ein gestörtes Verhältnis zu seiner Mutter hat und alle seine negativen Gefühle auf mich projiziert. Es war all die Jahre eine Achterbahn der Gefühle. Es hat also auch schöne Momente gegeben, aber die meiste Zeit haben wir im Herbst gelebt. Erst seit kurzer Zeit keimt etwas Hoffnung auf. Karl war endlich bereit, mit mir ein Eheseminar zu besuchen, und wir wollen über ein Ehebuch diskutieren. Vielleicht haben wir ja doch noch eine Chance."

Als ich mich bei Karl erkundigte, wie er seine Ehe beurteile, antwortete er mir: „Ich fürchte das Schlimmste und hoffe doch auf Besserung mit Gottes Hilfe."

Ich könnte noch viele Beispiele für Paare aufzählen, die sich im Herbst ihrer Ehe befinden, aber diese wenigen sollen genügen, um darzustellen, welcher Art die typischen Gefühle im Herbst sind: Besorgnis, Traurigkeit, Einsamkeit und Angst vor dem Alleinsein. Stephanie, die seit 19 Jahren verheiratet ist und an einer Krankheit mit fortschreitender Behinderung leidet, fasst ihre herbstlichen Gefühle wie folgt zusammen: „Ich fühle mich einsam, verängstigt und verunsichert und bin tief besorgt, wie ich damit umgehen soll, wenn alles zusammenbricht, die Schmerzen unerträglich werden und die Diagnose keine Hoffnung mehr lässt. Wir haben es nicht gelernt, unsere Sorgen gemeinsam zu verarbeiten, also muss ich alles allein durchstehen – wo ich mich doch jetzt schon so ausgebrannt fühle."

Denkweisen im Herbst

Die Sorge um den Zustand der eigenen Ehe prägt wohl am nachhaltigsten das Denken in der herbstlichen Ehe. Die wenigsten mögen diese Zeit, und deshalb machen sie sich Gedanken, wie sie der Situation entkommen könnten. Es ist nicht mehr zu verdrängen, dass Veränderungen im Gange sind, und so stellt sich Unbehagen ein.

Die 31-jährige Katja erzählt von ihren Erfahrungen im siebten Ehejahr: „Ich bin total verunsichert. Ich hoffe nur, dass es uns gelungen ist, Gott wieder ins Zentrum unserer Ehe zu stellen, dennoch habe ich mich noch nie im Leben so haltlos gefühlt. Es macht keinen Spaß, in dieser Jahreszeit zu leben, aber wir sind beide in christlicher Seelsorge. Dabei ist uns bewusst geworden, dass wir noch niemals in unserer Ehe die persönliche Liebessprache des Partners gesprochen haben. Wir haben zwar das Buch von Ihnen, Dr. Chapman, gelesen und wissen eigentlich Bescheid, aber praktiziert haben wir es nie. Schließlich hatte mein Mann eine fünfmonatige Affäre mit einer Kollegin. Lange Zeit hat er alles abgestritten, bis er es dann auf mein Drängen hin zugab. Durch Gottes Gnade sind wir noch immer zusammen, und wir bitten ihn, an uns zu arbeiten, Dinge offen zu legen und zu heilen."

Henrike ist seit zwanzig Jahren verheiratet, und sie erzählt: „Es hat sich vieles verändert bei uns. Die Jüngste ist bald mit der Schule fertig und wird wie die anderen das Haus verlassen. Viele Jahre standen die Kinder im Mittelpunkt und haben so auch unsere Ehe geprägt. Inzwischen ist mir bewusst geworden, dass wir uns dabei als Ehepartner aus den Augen verloren haben. Was sollen wir jetzt mit uns anfangen? Und mein Mann glaubt noch immer, sich im Sommer unserer Ehe zu befinden. Leben wir noch in derselben Welt? Das frage ich mich immer häufiger. Ich mache mir jedenfalls große Sorgen um unsere Ehe."

Heidi und Willi sind erst seit acht Monaten verheiratet, und dennoch beschreiben sie ihre Ehe als herbstlich. Heidi berichtet: „Ich habe richtig Angst vor der Zukunft. Es müsste einiges anders werden zwischen uns. Ich frage mich immer wieder, welche Stelle ich eigentlich in Willis Leben einnehme und ob er mich überhaupt noch liebt. In den ersten paar Monaten unserer Ehe haben wir es geduldet, dass sich seine Familie ständig in unsere Angelegenheiten einmischen durfte. Weil immer Außenstehende reinredeten, konnte sich kein richtiges Vertrauensverhältnis zwischen uns aufbauen, oder es war in Ansätzen vorhanden und ging gleich wieder kaputt. Wir halten uns inzwischen an den biblischen Rat, dass Mann und Frau die Eltern verlassen müssen und nur einander gehören. Vielleicht hilft das, unsere Beziehung zu retten. Ich bete täglich um Befreiung von meiner Verunsicherung."

Willi beschreibt ihre Ehe aus seiner Sicht: „Ich bin im Grunde zuversichtlich, auch wenn noch so manche Hürde zu überspringen ist. Ich hoffe, dass wir diese Zeit unbeschadet überstehen und hinterher eine glückliche Ehe führen werden. Doch im Augenblick streiten wir uns noch fast jeden Tag. Da hat mir besonders Mut gemacht, was ich im Eheseminar gehört habe. Ich hoffe nur, dass wir's auch in der Praxis anwenden können, damit nicht erst der Winter vor dem Frühling kommen muss."

Patrick und Clara sind seit 19 Jahren verheiratet. Weil er beim Militär ist, sind sie viel in der Welt herumgekommen. Er sagt: „Mit unserer Ehe waren wir schon im Spätherbst mit recht winterlichen Tagen angelangt. Aber im vergangenen Jahr haben wir hart daran gearbeitet, um wieder Tritt zu fassen und vielleicht einen neuen Frühling zu erleben. Meine einjährige Stationierung in einem Krisengebiet hat uns gezeigt, was es heißt, uns nicht zu haben. Und ich finde, dass wir Fortschritte machen, indem wir viel miteinander reden, beten und christliche Bücher lesen. Ich bemühe mich, endlich das geistliche Oberhaupt unserer Familie zu werden und meiner Frau zu zeigen, wie sehr ich sie liebe."

Seine Frau Clara beschreibt ihre Ehe wie folgt: „Wir sind gerade dabei, nach der langen Trennung, unsere Ehe neu zu gestalten. Ich bin ziemlich angespannt, aber ich denke doch, dass wir uns wieder näher kommen, weil in diesem Trennungsjahr auch jeder für sich Christus näher gekommen ist. Nur Gott kann eine Ehe wie unsere heilen. Vor Patricks Stationierung im Ausland waren wir völlig erstarrt in unserer Sprachlosigkeit und viel zu stolz, aufeinander zuzugehen. Erst als er nicht mehr da war, begann ich ihn wieder zu schätzen, und ich begriff, was für ein kostbares Geschenk Gott mir mit ihm gemacht hat. Jeder neue Tag ist ein Schritt näher zu dem Ziel, unsere Ehe nach Gottes Plan zu gestalten."

Einige Paare sind in dieser herbstlichen Jahreszeit offensichtlich zuversichtlicher als andere. Allen gemeinsam ist die große Verunsicherung, und besorgt sind sie alle, ob ihre Ehe überleben wird. Ob sie vom Herbst in den Winter gehen oder direkt in einen neuen Frühling, wird weitgehend davon abhängen, welche praktischen Schritte sie in dieser Zeit tun.

Verhaltensweise im Herbst

In diesem Abschnitt möchte ich mich einerseits mit den Verhaltensweisen beschäftigen, die Menschen in den Herbst treiben, und mit denen, die sie wieder hinausführen. Offenkundig gibt es eine Hauptursache für das Abgleiten in den Eheherbst. Es ist ein bestimmtes Verhalten, das fast immer in solchen Fällen zu beobachten ist. Es geht um *Vernachlässigung* – was eigentlich ein Nichthandeln ist. Man scheint zu glauben, die Ehe käme auch ohne eigene Anstrengungen wieder ins Lot. Die Interessen gehen auseinander, jeder lebt nur noch sein eigenes Leben, und da vergessen Paare oft, Dinge zu tun, die die Ehe zusammenhalten. Und so driften die beiden allmählich immer weiter auseinander. Erst dramatische Ereignisse öffnen dann häufig die Augen. So könnte ein Seitensprung alles ans Tageslicht bringen, aber in Wahrheit ist der Herbst schon vor Wochen – wenn nicht vor Monaten oder Jahren – ins Land gezogen. Die Blätter haben längst angefangen, von den Zweigen zu fallen, aber man hat es gar nicht wahrgenommen, weil jeder so sehr mit sich selber beschäftigt war. Wie sich das Paar jetzt verhält, wird bestimmen, ob es den Winter durchleben muss oder zum Frühling zurückkehrt.

Immer wieder bin ich bei der Recherche für dieses Buch auf die Tatsache gestoßen, dass Paare im Herbst ihrer Ehe zugeben, einander aus den Augen verloren zu haben, und kaum etwas anderes scheint so häufig dazu beizutragen, den Sommer zu beenden.

Kim haben wir schon weiter oben in diesem Kapitel kennen gelernt. Auf meine Frage, wie sie ihre herbstliche Ehe erlebe, hatte sie geantwortet: „Man ist ziemlich durcheinander, und es wird einem ganz schön bange. Man weiß nicht mehr weiter, fühlt sich ausgebrannt und steht irgendwie ständig unter Stress." Darauf fragte ich, ob sie wisse, welche Faktoren zu diesem Absturz geführt hätten. Sie antwortete: „Mangel an Kommunikation, keine Zeit füreinander, keine gemeinsamen Interessen und getrennte Wege im Alltag. Das führte zu Suchtverhalten, Untreue, Lügen und Vertrauensmangel." Die Kluft zwischen den beiden war immer tiefer geworden, aber angefangen hatte alles, weil sie sich aus den Augen verloren und nichts dagegen unternahmen.

Auch Marvin sind wir schon in diesem Kapitel begegnet. Er fühlte sich niedergeschlagen und total mutlos. Und niemand möge ihn, so berichtete er. Die Gründe für sein Abgleiten in den Herbst beschrieb er wie folgt: „Ich denke, das Hauptproblem war, dass wir nicht mehr miteinander geredet haben. Wir waren so sehr damit beschäftigt, unsere drei Kinder großzuziehen und unseren Lebensunterhalt zu verdienen, dass wir es versäumten, unserer Beziehung einen höheren Stellenwert einzuräumen. Deshalb haben wir uns so entfremdet."

Carola nennt ähnliche Erkenntnisse: „Zwölf Jahre bin ich jetzt mit meinem zweiten Mann verheiratet, und auch diesmal haben wir es wieder versäumt, unsere Ehe lebendig zu erhalten. Es waren immer nur die Kinder, denen wir unsere Aufmerksamkeit schenkten, und dabei haben wir übersehen, dass wir selber auch noch Bedürfnisse haben. Aber damit haben wir weder unseren Kindern noch uns selbst einen Gefallen getan. Inzwischen ist große Ernüchterung eingetreten. Dennoch glaube ich, dass noch immer ein Fundament vorhanden ist, auf das sich aufbauen lässt. Mein Mann zeigt sich gesprächsbereit, und nun versuchen wir, unsere Beziehung wiederzubeleben."

Es ist offenkundig: Wer als Paar seine Ehe vernachlässigt, muss mit der baldigen Einkehr des Herbstes rechnen. Wenn Mann und Frau tatenlos zusehen, wie die Bindung sich lockert, wird die Distanz zwischen ihnen ganz allmählich immer weiter. Und das bedeutet, dass die Verunsicherung zunimmt und Ängste sich einstellen. Bemerken Paare endlich, dass die Blätter fallen, hängt es von ihrer Entscheidung ab, ob es durch positives Handeln direkt in den Frühling geht oder ob schädliches Handeln den Winter einläutet, der den Tod der Ehe bedeuten könnte.

Schädlich ist in jedem Fall, in dieser bedrohlichen Lage die Hände in den Schoß zu legen. Martina erzählt: „Vier Jahre sind wir gerade mal verheiratet, aber ich bin schon sehr unglücklich in unserer Ehe. Ich liebe John gar nicht mehr so richtig. Er will ständig Sex haben, egal, ob die Kinder noch wach sind oder ich gerade beim Kochen bin. Ich aber brauche die richtige Stimmung dafür, ein bisschen Romantik, zärtliche Worte, vielleicht ein schönes Essen zu zweit und vor allem Stille im Haus. Ihm ist alles egal, Hauptsache, er kann mit mir schlafen. Ich gebe ja zu, dass ich mich ihm auch schon längere Zeit verweigert habe, nicht bewusst, aber ein paar Monate sind wohl schon ohne Sex ins Land gegangen. Gut finde ich es auch nicht. Zwar wage ich mich immer wieder vor und berühre ihn, aber er signalisiert mir dann, dass es ihm nicht reicht. Ich versuche, ihm seinen Liebestank zu füllen, aber er tut rein gar nichts, um mir seine Liebe zu zeigen. Da bin ich eben bitter geworden, ja, auch stur. Ich nehm's ihm einfach übel. Klar muss sich was ändern zwischen uns."

Martina hat Recht: *Es muss sich etwas ändern.* Ungelöste Konflikte sorgen dafür, dass Paare im Herbst verweilen – wenn es noch gut geht – oder sich im Winter wiederfinden.

Auch sexuelle Untreue kann eine Ehe vom Herbst in den Winter katapultieren. So erzählt Emily: „Es bricht mir das Herz. Nach 37 Jahren Ehe – und dann so was! Ich hätte nie gedacht, in eine solche Situation zu geraten. Es ist schon die zweite Affäre meines Mannes – von der ich zumindest weiß. Aber diesmal ist es sogar noch ernster als beim ersten Mal. Er ist Geschäftspartner in einem erfolgreichen Unternehmen, sozial engagiert und sehr angesehen in unserer Gegend. Aber ich als seine Frau habe keinen Respekt mehr vor ihm. Er ist als Einzelkind groß geworden und immer sehr egoistisch geblieben. Wir haben drei verheiratete Töchter und sechs Enkel. Und er ist bereit, das alles für seine Geliebte aufzugeben.

Wir haben es noch mit Seelsorge versucht, aber schon nach der ersten Sitzung weigerte er sich weiterzumachen, weil ihm die Nase der Beraterin nicht passte. Beim zweiten Versuch riet uns der Therapeut, nicht weiter das Geld zu verschleudern, denn mein Mann zeige weder Reue noch Scham über das, was er treibe. Im Augenblick versucht es mein Mann noch einmal allein mit einer Therapie. Immerhin. Ich bete jedenfalls jeden Tag für ihn. Auch die andere Frau behauptet immerhin, gläubige Christin zu sein. Aber reden kann man ja viel."

Emilys Fall zeigt, dass beide Partner an einem Strick ziehen müssen, wenn sie gemeinsam vom Herbst ins Frühjahr gelangen wollen, aber schon einer in der Partnerschaft genügt, um es Winter werden zu lassen. Entscheidend ist unsere Einstellung und wie wir mit der Situation umgehen. Der Herbst ist jedenfalls die Zeit der Entfremdung. Das Laub trennt sich von den Zweigen, und wir wissen nicht, ob je wieder neues sprießen wird. Es ist eine sorgenvolle Zeit.

Fassen wir noch einmal zusammen:

Herbst	
Gefühle:	*Angst, Traurigkeit, Niedergeschlagenheit, Mutlosigkeit, Groll, sich ungewollt und nicht geschätzt fühlen*
Einstellungen:	*Pessimismus, Verunsicherung, Schuldzuweisungen*
Verhaltens-weisen:	*Vernachlässigung der Beziehung, mangelnde Bereitschaft, Konflikte wirklich zu lösen*
Klima in der Beziehung:	*Entfremdung. Beide gehen zunehmend eigene Wege. Die Partner erkennen, dass etwas nicht stimmt in der Beziehung, aber sie wissen nicht recht, was es ist. Meist fühlt sich einer von ihnen vernachlässigt. Jeder beginnt, die eigenen Interessen in den Vordergrund zu rücken und dem anderen die Schuld für alles zu geben. Erst nach einer gewissen Zeit im Herbst bekommt die Umgebung etwas davon mit.*

Wie man das Beste aus der Situation macht

Zum Herbstanfang stehen die Bäume noch voll im Laub, und der Sommer mit all seinen Aktivitäten und Freuden wirkt nach. Da bleibt oft unbemerkt, dass das Laub einen gelblichen Schimmer bekommt. Alles scheint seinen guten Gang zu gehen, aber die Entfremdung hat bereits eingesetzt.

Im Spätherbst sind die Blätter dann abgefallen, und es ist nicht mehr zu übersehen, wie verödet die Beziehung bereits ist. Das ist der Augenblick, da wenigstens einem der Partner angesichts der Entfremdung plötzlich so angst und bange wird, dass er einen Eheberater zu Hilfe ruft. Vielleicht lässt sich dann auch der andere überreden, gemeinsam ein Eheseminar zu besuchen oder eine Therapie zu beginnen. Eine junge Frau sagte einmal zu mir: „Ich hätte nie gedacht, einmal eine Therapie machen zu müssen, aber ich mache mir solche Sorgen wegen des Zustands unserer Beziehung. Mir ist klar, dass wir fremde Hilfe brauchen, und ich will nicht warten, bis es zu spät ist." Die Verunsicherung im Herbst kann sogar heilsam sein, wenn sich das Paar entscheidet, den richtigen Weg einzuschlagen.

Auf den Herbst kann in der Ehe durchaus der Frühling folgen oder gar der Sommer. Wenn Paare allerdings der Natur ihren Lauf lassen, wird es unweigerlich Winter werden. Im zweiten Teil dieses Buches wollen wir uns ein paar konkrete Strategien anschauen, wie man den Herbst nutzen kann, um doch noch zu gewinnen.

Vielleicht haben Sie bei der Lektüre dieser einführenden Kapitel die gegenwärtige Jahreszeit Ihrer eigenen Ehe sofort erkannt. Oder Sie haben doch noch Schwierigkeiten, zwischen Frühling und Sommer beziehungsweise zwischen Herbst und Winter zu unterscheiden. Der Spätherbst und der beginnende Winter sind in der Tat nicht ganz genau abzugrenzen. Dasselbe gilt für den späten Frühling und den Frühsommer. Bevor wir uns nun im Einzelnen damit beschäftigen wollen, wie Sie aus Ihrer jeweiligen Situation das Beste machen, ist es wichtig, den eigenen Standort genau zu kennen. Es folgt deshalb ein Test, der Ihnen die Entscheidung erleichtern soll.

Dieser Test soll Ihnen nicht etwa irgendeinen Stempel aufdrücken. Vielmehr geht es darum, Ihnen und Ihrem Partner zu helfen, ins Gespräch zu kommen und sich einmal ehrlich zu vergegenwärtigen, in welchem Zustand sich Ihre Ehe befindet. Zu welchen Erkenntnissen Sie auch immer kommen mögen, Sie werden in jedem Fall davon profitieren, wenn Sie im zweiten Teil erfahren, wie es gelingen kann, die Heiterkeit des Frühlings und das pralle Leben des Sommers zurückzugewinnen. Und ich hoffe, Sie werden mit mir zu der Erkenntnis gelangen, dass Herbst und Winter keineswegs Jahreszeiten ohne Perspektive sind. Sie haben ihren Sinn, weil sie aufrütteln und aufwecken und zu neuem Wachstum in der Ehe anregen. *Keine Ehe ist ein hoffnungsloser Fall!* Mit Gottes Hilfe ist nämlich alles möglich.

Jahreszeitenprofil Ihrer Ehe

Die Beziehung in einer Ehe ist einem ständigen Wandel unterworfen. Wie wir gesehen haben, durchschreiten wir im Laufe der Zeit bestimmte Jahreszeiten, die immer wiederkehren können. Mal ist es Winter, dann Sommer, mal Frühling, mal Herbst. Wenn Sie die gegenwärtige Jahreszeit Ihrer Ehe identifizieren, werden Sie sich klarer darüber, in welchem Zustand sich Ihre Beziehung gerade befindet, und den Wert dieser Erkenntnis sollte man nicht unterschätzen.

Es gibt Jahreszeiten, die einfach mehr Spaß machen und die produktiver sind als andere. Sofern Sie die Jahreszeit Ihrer Ehe kennen, sind Sie eher imstande, rechtzeitig Maßnahmen zu ergreifen, um sich den Sommer zu erhalten oder den Winter zu verlassen, indem Sie Ihr Verhalten anpassen. Sollten Sie und Ihr Partner zu dieser Überprüfung bereit sein, brauchen Sie sich um Gesprächsstoff in der nächsten Zeit keine Sorgen zu machen. Sie werden über den Zustand Ihrer Ehe diskutieren und sich gemeinsam Schritte überlegen können, um wieder gemeinsam zu wachsen. Es ist empfehlenswert, diesen Test getrennt – jeder für sich – durchzuarbeiten und erst dann ins Gespräch zu kommen, wenn Sie ihn ausgewertet haben. Wir haben auf den folgenden Seiten extra zwei Formulare abgedruckt, damit jeder von Ihnen ein eigenes hat.

Jahreszeitentest für Ihre Ehe

In welcher Jahreszeit befindet sich Ihre Ehe gerade? In den 16 Zeilen tauchen jeweils vier Begriffe auf. Wählen Sie einen davon aus, der am besten die Gedanken oder Gefühle wiedergibt, die in den vergangenen Wochen Ihr Eheleben bestimmt haben. Wenn Sie alles angekreuzt haben, zählen Sie in jeder Spalte die markierten Kästchen zusammen und schreiben die Summe in das freie Feld darunter. Entweder haben Sie gar kein angekreuztes Kästchen in einer Spalte oder höchstens 16. Die Auswertung des Tests finden Sie auf der nächsten Seite.

O Entmutigt	O Euphorisch	O Zufrieden	O Verunsichert
O Hoffnungslos	O Glücklich	O Friedlich	O Irritiert
O Innerlich leer	O Hoffnungsvoll	O Engagiert	O Gestresst
O Mürrisch	O Fürsorglich	O Geborgen	O Frustriert
O Gekränkt	O Offenherzig	O Vertrauensvoll	O Erschöpft
O Aggressiv	O Lebendig	O Entspannt	O Eigenbrötlerisch
O Ausgegrenzt	O Erwartungsvoll	O Anerkannt	O Grüblerisch
O Angespannt	O Mitteilsam	O Ehrlich	O Deprimiert
O Resigniert	O Zielstrebig	O Kameradschaftlich	O Apathisch
O Überkritisch	O Liebevoll bemüht	O Anhänglich	O Sorgenvoll
O Zornig	O Fröhlich	O Verständnisvoll	O Ausgebrannt
O Ernüchtert	O Optimistisch	O Wohlfühlend	O Desinteressiert
O Argwöhnisch	O Zärtlich	O Solidarisch	O Besorgt
O Verschlossen	O Offen	O Unzertrennlich	O Distanziert
O Kalt	O Lebendig	O Zufrieden	O Zu stolz
O Nachtragend	O Veränderungs-bereit	O Vergebungsbereit	O Entfremdet

Summe von Spalte 1	Summe von Spalte 2	Summe von Spalte 3	Summe von Spalte 4

Testauswertung

Wie Sie sicher gemerkt haben, stehen in der ersten Spalte die Begriffe, die den Winter charakterisieren. Spalte 2 steht für den Frühling, Spalte 3 für den Sommer und Spalte 4 für den Herbst. Die Spalte mit den meisten Kreuzen zeigt Ihnen, in welcher Jahreszeit sich Ihre Ehe gerade befindet. Haben Sie einen Punktegleichstand in zwei Spalten oder sehr ähnliche Werte, so bedeutet dies, dass Sie sich womöglich im Übergang zwischen der einen und der anderen befinden. Die höchste Punktzahl für jede Jahreszeit ist 16. Wenn Sie die erreichen, befinden Sie sich mitten in der jeweiligen Jahreszeit.

Stimmt das Ergebnis mit Ihren eigenen Erfahrungen überein? Sind Sie überrascht? Auf den nächsten Seiten haben wir einen weiteren Test für Ihren Partner/Ihre Partnerin abgedruckt. Wenn alles angekreuzt und ausgewertet ist, können Sie die Antworten vergleichen und dann besprechen, wer durch welchen positiven oder negativen Beitrag für den gegenwärtigen Zustand mitverantwortlich sein könnte. Leben Sie gerade in einer schönen Jahreszeit – dann freuen Sie sich darüber! Und bleiben Sie am Ball! Im zweiten Teil dieses Buches werden Sie ein paar Strategien kennen lernen, wie Sie Ihre bereits glückliche Ehe noch weiterentwickeln können. Befinden Sie sich jedoch gerade nicht in einer der schönen Jahreszeiten, dann sollten Sie keineswegs resignieren. Die Tipps im zweiten Teil werden Ihnen einige ganz praktische Schritte vorstellen, die Ihnen helfen werden, die Ehe wieder glücklicher zu machen. Es besteht in jedem Fall Hoffnung. Machen Sie sich also an die Arbeit. Nur so erreichen Sie das Optimum für Ihre Ehe.

O Entmutigt	O Euphorisch	O Zufrieden	O Verunsichert
O Hoffnungslos	O Glücklich	O Friedlich	O Irritiert
O Innerlich leer	O Hoffnungsvoll	O Engagiert	O Gestresst
O Mürrisch	O Fürsorglich	O Geborgen	O Frustriert
O Gekränkt	O Offenherzig	O Vertrauensvoll	O Erschöpft
O Aggressiv	O Lebendig	O Entspannt	O Eigenbrötlerisch
O Ausgegrenzt	O Erwartungsvoll	O Anerkannt	O Grüblerisch
O Angespannt	O Mitteilsam	O Ehrlich	O Deprimiert
O Resigniert	O Zielstrebig	O Kameradschaftlich	O Apathisch
O Überkritisch	O Liebevoll bemüht	O Anhänglich	O Sorgenvoll
O Zornig	O Fröhlich	O Verständnisvoll	O Ausgebrannt
O Ernüchtert	O Optimistisch	O Wohlfühlend	O Desinteressiert
O Argwöhnisch	O Zärtlich	O Solidarisch	O Besorgt
O Verschlossen	O Offen	O Unzertrennlich	O Distanziert
O Kalt	O Lebendig	O Zufrieden	O Zu stolz
O Nachtragend	O Veränderungsbereit	O Vergebungsbereit	O Entfremdet

Summe von Spalte 1	Summe von Spalte 2	Summe von Spalte 3	Summe von Spalte 4

Teil II

Sieben Strategien, um das Beste aus den Jahreszeiten der Liebe zu machen

 |  |  |

Nun, da wir die Merkmale der vier Jahreszeiten in der Ehe kennen, wollen wir uns sieben Strategien zuwenden, mit deren Hilfe Sie Ihre Ehe aus dem kalten Winter in den warmen Sommer führen können – aus der Verunsicherung im Herbst zu viel mehr Freude im Frühling, selbst wenn es zunächst einmal nur darum geht, die Qualität Ihrer Ehe in der jeweiligen Jahreszeit zu verbessern. Diese Strategien auf biblischer Basis sind aufgrund meiner dreißigjährigen Erfahrungen in der Eheseelsorge entwickelt worden. Ich habe immer wieder beobachten können, wie sich zahllose Ehen zum Guten entwickelt haben, weil die von mir entwickelten Prinzipien angewendet wurden. Sie müssen nicht in der angegebenen Reihenfolge beherzigt werden, obgleich es oft nützlich ist, erst einmal mit den Fehlern der Vergangenheit aufzuräumen (Strategie 1), weil man damit den Schutt für alle weiteren Strategien aus dem Weg räumt.

Ich möchte Ihnen ans Herz legen, erst einmal alle Strategien kennen zu lernen, damit Sie hinterher sagen können, welche Reihenfolge für Sie persönlich die geeignete ist. Wenn Ihr Partner mitmacht, dann kann das, was Sie lernen und anwenden, der Beginn einer neuen Freundschaft zwischen Ihnen werden. Will Ihr Partner jedoch von diesem *„Jahreszeitenbuch"* nichts wissen, dann kann Ihnen womöglich die Strategie 7 weiterhelfen.

Befinden Sie sich gerade im Frühling oder Sommer Ihrer Ehe, dann bekommen Sie mit diesen Strategien praktische Tipps an die Hand, wie man eine Ehe lebendig und entwicklungsfähig erhält. Aber Sie durchleiden ja vielleicht gerade Herbst oder Winter. In diesem Fall werden Ihnen die genannten Prinzipien dazu verhelfen, Ihre Beziehung in die wärmeren Jahreszeiten zu verlegen, wo das Leben wieder Freude macht. Eine Ehe wächst entweder oder sie welkt. Stillstand gibt es in Beziehungen nicht. Wie Sie denken und was Sie tun, prägt Ihre Gefühlswelt nachhaltig – und die Ihres Partners. Die folgenden Strategien regen dazu an, Ihre Einstellung und Ihr Verhalten so positiv auszurichten, dass das Klima in Ihrer Ehe wieder lebenswerter wird.

Strategie 1

Sich mit der Vergangenheit auseinander setzen

Diese Strategie sollten eigentlich alle Paare kennen und beherzigen, aber besonders im Herbst und Winter der Ehe ist es unerlässlich, sich mit der Vergangenheit auseinander zu setzen. Die meisten von uns werden sich mit Bernd identifizieren können, der Folgendes sagte: „Ich weiß, dass ich in der Vergangenheit Fehler gemacht habe. Wir beide haben versagt. Aber warum können wir die Vergangenheit nicht einfach ruhen lassen und uns auf Gegenwart und Zukunft konzentrieren?" Bernds Wunsch ist mir sehr vertraut. Aber leider funktioniert es so nicht. Wir müssen die Vergangenheit erst bearbeiten, bevor wir sie zu den Akten legen können, sonst bleibt sie bei uns auf dem Schreibtisch als unerledigter Ballast liegen und mahnt uns immer wieder. Haben wir aber alles bearbeitet, können wir unsere ganze Energie für die Gegenwart einsetzen und zusehen, dass wir in der Zukunft die schönen Jahreszeiten genießen. Die Strategie, die ich in diesem Kapitel vorstellen will, hat sich in der Praxis als äußerst hilfreich erwiesen. Hunderte von Paaren können das bestätigen, weil diese Prinzipien ihnen geholfen haben, mit den Fehlern der Vergangenheit klug umzugehen. Und ich bin zuversichtlich, dass diese Vorgehensweise auch bei Ihnen Wirkung zeigen wird.

Wenn Sie mit der Vergangenheit Frieden schließen wollen, sind drei Schritte nötig: Fehler der Vergangenheit – *identifizieren, bekennen und bereuen und schließlich um Vergebung bitten.* Der erste Schritt ist womöglich der komplizierteste.

Erster Schritt: Fehler der Vergangenheit identifizieren

Wer Vergangenes verarbeiten will, muss es sich erst einmal bewusst machen. Als ich Bernd diesen Gedanken nahe brachte, antwortete er: „Ach, damit habe ich keine Probleme. Helen zählt alle meine Fehler der Vergangenheit jedes Mal auf, wenn wir uns streiten."

„Kann sein", erwiderte ich, „aber ich schätze mal, dass sie dann nicht einmal dreißig Prozent aller Schwächen und Fehler auflistet. Zweifellos stören Sie diese ständigen Vorhaltungen. Sie haben es satt, immer wieder die eigenen Unzulänglichkeiten aufs Butterbrot geschmiert zu bekommen. Sie möchten einfach alles vergessen. Tatsache aber ist, dass Sie sich noch nicht selber die Mühe gemacht haben, die eigenen Fehler beim Namen zu nennen."

Bernd war nicht besonders erfreut über meine Bemerkung, und so wandte er ein: „Und was ist mit ihr? Hat sie denn keine Fehler?"

„Bestimmt. Ich kenne Ihre Frau zwar nicht persönlich, aber ich bin ganz sicher, dass sie Fehler hat, immerhin ist sie ein menschliches Wesen. Aber im Augenblick rede ich mit Ihnen, und Sie haben sich gewünscht, dass Ihre Frau Ihre Vergangenheit vergisst. Ich will Ihnen sagen, wie das funktioniert: Den Anfang müssen *Sie* machen!"

Ich konnte mit Bernd so deutlich reden, weil ich einschlägige Erfahrungen in meiner langjährigen Eheseelsorge gemacht habe. Tatsache ist nämlich, dass die meisten von uns problemlos die Fehler des anderen aufzählen können, aber Schwierigkeiten haben, die eigenen zu erkennen. Jesus beschreibt dieses Problem in Matthäus 7,3-5. Speziell auf die Ehe angewandt, würde der Text so lauten: „Warum siehst du den Splitter im Auge deines Partners und beachtest den Balken in deinem eigenen Auge nicht? Zieh erst den Balken aus deinem eigenen Auge, damit du klar siehst, und dann kümmere dich um den Splitter im Auge des anderen."

Als ich einige Wochen später Bernds Frau diesen Vers vorlas, sagte sie: „In unserer Ehe ist es genau umgekehrt. Bernd hat keinen Splitter im Auge, sondern hundert Balken. Mir ist klar, dass ich nicht fehlerlos bin, aber er ist das eigentliche Problem in unserer Beziehung."

„Das könnte natürlich sein", sagte ich, „aber da Sie Jesus gehören, wollen Sie da nicht doch dort anfangen, wo der Herr es uns vorgibt – nämlich bei den eigenen Fehlern?" Als sie nicht gleich antwortete, fuhr ich fort: „Ich verspreche Ihnen, Bernd dabei zu helfen, seine Fehler zu erkennen, wenn Sie mir versprechen, sich um Ihre eigenen zu kümmern."

„Na gut, das werde ich machen", antwortete Helen. „Aber ich möchte, dass Sie wissen, wo das eigentliche Problem liegt."

Ich ging auf diese Bemerkung nicht ein und sagte: „Fein. Dann habe ich eine Hausaufgabe für Sie in dieser Woche: Ich möchte, dass Sie sich zwei Stunden nur für Gott reservieren. Nehmen Sie Ihre Bibel zur Hand, Stift und Notizblock. Dann sprechen Sie erst einmal ein Gebet, das Sie in der Bibel finden. David hat es gesprochen, und es steht in Psalm 139,23-24. Sie wissen ja wahrscheinlich, dass David eine Menge Fehler hatte, und Folgendes hat er gebetet: ‚Erforsche mich, Gott, und erkenne mein Herz; prüfe mich und erkenne, wie ich's meine. Und sieh, ob ich auf bösem Wege bin, und leite mich auf ewigem Wege.‘ Bitten Sie Gott, Ihnen konkrete Situationen zu zeigen, in denen Sie in den vergangenen 17 Jahren Bernd Unrecht getan haben. Fangen Sie mit der Zeit an, als Sie umeinander warben, dann die Hochzeit, Flitterwochen, das erste Ehejahr usw. Bitten Sie Gott, Sie daran zu erinnern, wie oft Sie mürrisch waren, geschmollt und eisern geschwiegen oder sich Gemeinheiten ausgedacht haben. Während Sie so auf Gott hören, sollten Sie alles aufschreiben, was Ihnen dabei in den Sinn kommt.

Ich möchte Ihnen aber auch voraussagen, dass der Feind sich einmischen wird. Seine Botschaft wird ungefähr so lauten: ‚Natürlich bist du manches Mal nicht nett zu Bernd gewesen, aber das war doch nur, weil er so hässlich zu *dir* war! Es war nicht deine Schuld. Es zählt also gar nicht, was du falsch gemacht hast.‘ Der Teufel möchte nicht, dass Sie zu sich selber ehrlich sind. Sie sollen immer nur anderen die Schuld für das eigene Versagen geben. Denken Sie an Adam und Eva. Die beiden hörten auch auf Satans Stimme. Doch Adam gab Eva die Schuld und Eva der Schlange. Wenn wir mit vergangenen Fehlern aufräumen wollen, müssen wir sie beim Namen nennen und die Verantwortung für unser eigenes Fehlverhalten übernehmen.“

Helen meinte, die Aufgabe verstanden zu haben. „Aber“, sagte sie, „zwei Stunden sind eine furchtbar lange Zeit. Ich glaube kaum, dass ich so lange brauchen werde.“

„Versuchen Sie es nicht auf die Schnelle“, warnte ich. „Reservieren Sie sich wirklich diese zwei vollen Stunden. Und vergessen Sie nicht, regelmäßig Gott darum zu bitten, Ihnen konkretes Versagen zu zeigen.“

„Na schön“, sagte sie, „aber ich glaube immer noch nicht, dass es zwei geschlagene Stunden dauern wird.“ Ich spürte, dass Helen glaubte, ich habe das eigentliche Problem noch immer nicht erkannt. Aber immerhin war sie bereit, sich auf meine Strategie einzulassen.

In der darauf folgenden Woche erschien Helen mit ihrer Liste. „Ich habe mehr gefunden, als ich gedacht hätte. Aber es sind eigentlich nur Kleinigkeiten, und ich habe Gott gleich gebeten, mir alles zu vergeben."

„Nein, nein, nein", rief ich, „an dem Punkt sind wir noch gar nicht."

„Was soll das heißen?", fragte sie. „Sollen wir unsere Sünden denn nicht Gott bekennen?"

„Stimmt, aber zuerst sollen wir sie identifizieren."

„Das habe ich doch getan", antwortete sie ein wenig entrüstet.

„Eben nicht! Sie sind immer noch beim ersten Schritt. Für diese Woche habe ich eine weitere Aufgabe für Sie. Ich möchte, dass Sie sich mit jedem Ihrer Kinder einzeln unterhalten. Erzählen Sie jedem, dass Sie dabei sind, etwas für Ihre Ehe zu tun, und Sie wollen nun Ihre eigenen Fehler herausbekommen. Fragen Sie die Kinder, ob sie sich erinnern, wann Sie unfreundlich und unfair zu Ihrem Mann gewesen sind. Ermuntern Sie sie, ganz offen und ehrlich zu sein. Sie wissen ja, wenn nicht alles auf den Tisch kommt, wird es schwer, Ihre Ehe zu retten.

Gehen Sie danach zu Ihren Eltern und fragen Sie sie dasselbe. Von Bernd weiß ich, dass Sie einmal im Monat bei den beiden sonntags zum Essen eingeladen sind. Stimmt das?" Helen nickte. „Die beiden haben Sie als Paar also oft genug zusammen erlebt. Sprechen Sie danach mit Bernds Vater und Mutter jeweils unter vier Augen und erkundigen Sie sich, ob ihnen etwas Negatives aufgefallen ist."

Helen war sichtlich irritiert. „Ich weiß nicht, wozu das alles gut sein soll, warum ich das alles auf mich nehmen soll – wo doch Bernds Fehlverhalten das eigentliche Problem ist."

Ich erwiderte: „Ich kann mir vorstellen, dass meine Vorschläge Ihnen nicht sehr behagen, aber ich möchte Sie daran erinnern, dass ich mich mit Bernd wöchentlich treffe, und da gebe ich ihm dieselben Aufgaben wie Ihnen. Keiner von Ihnen ist schuldlos, und jeder muss sich erst einmal um seine eigenen Fehler kümmern. Der erste Schritt besteht darin, diese Fehler überhaupt erst einmal kennen zu lernen und dafür Verantwortung zu übernehmen. Und bis zu diesem Augenblick haben weder Bernd noch Sie diesen Schritt getan. Andererseits habe ich den Eindruck, dass Sie beide zum ersten Mal ernsthaft daran denken, die Vergangenheit aufzuarbeiten, und da halten wir uns eben an das biblische Vorbild, indem wir mit den eigenen Fehlern beginnen."

Helen seufzte und sagte: „Ich weiß, ich weiß. Sie haben ja Recht. Wir müssen etwas tun. Aber die Kinder da mit reinzuziehen und die Eltern – wozu soll das gut sein?"

„Es sind die Menschen, die Sie beide am besten kennen", antwortete ich. „Und ihnen liegt etwas daran, dass Ihre Ehe glücklich ist. Indem Sie das Gespräch suchen, signalisieren Sie den Kindern, dass Sie es ernst meinen. Und Sie geben ihnen die Gelegenheit, einmal offen auszusprechen, was ihnen vielleicht schon länger auf dem Herzen liegt. Und auch die Eltern werden sich freuen, Sie auf dem richtigen Weg zu wissen. Und außerdem werden alle Angehörigen von Ihrem Vorbild profitieren."

Es mag Ausnahmesituationen geben, in denen es nicht richtig wäre, die Kinder oder die Eltern mit einzubeziehen. Vorschulkinder sind noch zu klein, und wenn das Verhältnis zu Eltern oder Schwiegereltern gestört ist, kann man von ihnen wahrscheinlich keine objektive Stellungnahme erwarten. Wenn es allerdings von den Umständen her möglich ist, werden die Impulse von Angehörigen dazu führen, dass sich Ihr Blickwinkel weitet und Sie gezwungen werden, Ihren Schutzbunker zu verlassen.

Ehe, das ist kein isoliertes Geschehen. Die Beziehung eines Paares wirkt sich immer auch auf die gesamte Umgebung aus. Ich sage Ihnen voraus, dass Sie von Kindern oder Eltern etwas hören werden, was Ihnen gar nicht behagt. Satan wird Ihnen einreden, sich selbst zu verteidigen und den anderen entgegenzuhalten, dies alles sei nicht das ganze Bild. Er wird Sie überzeugen wollen, die Aussagen der anderen zu relativieren. Aber geben Sie dieser Versuchung nicht nach. Es sind wichtige Informationen, die Sie da erhalten. Sie wissen dann, wie andere sehen, was Sie falsch machen. Vielleicht haben Sie alles ganz anders gemeint, aber so oder so haben es die Menschen Ihrer Umgebung nun mal wahrgenommen. Nehmen Sie also erst einmal an, was man Ihnen zu sagen hat, und schreiben Sie es auf.

Als ich Helen diese Aufgabe mitgab, sagte ich: „Sie haben dafür zwei Wochen Zeit, denn ich denke, so lange werden Sie brauchen."

„Schön, aber es wird auch so schon schwer genug."

„Denke ich auch", stimmte ich zu. „Es fällt niemandem leicht, die Menschen, die einem nahe stehen, nach den eigenen Fehlern zu befragen. Es fällt schwer, bringt aber viel."

Die 14 Tage waren noch nicht vorüber, da rief Helen bei mir an und bat um eine Woche Verlängerung. Als sie dann aber zum nächsten Termin kam, hatte sie ihre Hausaufgaben gemacht. „Ich hätte nie gedacht, dass meine Kinder, Eltern und Schwiegereltern mich so genau beobachten. Ich war über manches, was sie vorbrachten, regelrecht schockiert. Aber ich erinnerte mich, dass Sie mich gewarnt hatten, mich nicht gleich zu rechtfertigen, und ich habe mich daran gehalten. Ich habe zugehört und alles aufgeschrieben, und die Liste ist ganz schön lang geworden. Es ist mir richtig unangenehm, dass die Kinder so viel von meinem hässlichen Benehmen Bernd gegenüber mitbekommen haben. Ich war wohl immer der Meinung, er verdiene es nicht anders, aber mir ist inzwischen klar, dass es nicht gut für sie war, zu hören, wie ich mit ihrem Vater umsprang.“ Ich bemerkte zum ersten Mal, dass Helen anfing Verantwortung für ihr Verhalten zu übernehmen.

„Was aber mache ich jetzt mit dieser Liste?“, fragte sie. „Ich habe Gott doch schon gebeten, mir zu vergeben.“

„Das ist schön“, antwortete ich. „Aber es ist noch nicht alles erledigt. Es fehlt noch ein Schritt davor. Als wir mit den Gesprächen begannen, sagten Sie zu mir, das wahre Problem sei Bernd, es seien nicht Sie. Erinnern Sie sich? Im Grunde zweifle ich auch nicht an Ihrer Aussage. Deshalb schreiben Sie in der nächsten Woche alles auf, was Bernd Ihnen im Laufe der Jahre alles angetan hat.“

„Dafür habe ich gar nicht genug Papier im Haus“, sagte sie lachend, und gleichzeitig standen ihr Tränen in den Augen.

Ich nickte und tröstete sie. „Ich weiß, dass Sie durch Bernds Verhalten im Laufe der Jahre sehr verletzt worden sind. Wäre es nicht so, säßen Sie bestimmt nicht zur Seelsorge in meinem Büro. Ich möchte Sie deshalb unterstützen, wenn es darum geht, dies alles auch Bernd zu sagen. Aber es soll in einem bestimmten Geist geschehen.“

Ich gab ihr ein Blatt Papier, auf dem folgender Text stand:

Lieber Bernd,
ich möchte dir dafür danken, dass du mit mir zusammen diese Ehe-
seelsorge angefangen hast. Dr. Chapman hat uns dabei geholfen, unsere
eigenen Fehler zu erkennen und Verantwortung dafür zu übernehmen.
Du sollst wissen, dass meine Liste all der Dinge, die ich dir angetan
habe, schon ziemlich lang ist. In dieser Woche sollten wir nun aufschrei-

ben, wie sich jeder von uns durch den anderen im Laufe der Jahre verletzt gefühlt hat. Mir ist klar, dass du das meiste, was ich vorzubringen habe, schon kennst, weil ich dazu neige, es dir bei jedem Streit an den Kopf zu werfen. Aber ich schreibe all diese Punkte auf, nicht, weil ich dich ablehne, sondern weil ich dich liebe. Ich wünsche mir, dass wir fähig werden, die Vergangenheit zu verarbeiten und hinter uns zu lassen, damit unsere Zukunft glücklicher wird. Der erste Punkt, der mir in dieser Liste einfällt ist ...

Ich bat Helen, diesen Briefentwurf zu lesen und mir zu sagen, ob sie inhaltlich übereinstimme. Als sie dies bejahte, fuhr ich fort: „Ich hätte gern, dass Sie den allerersten Punkt schon hier bei mir im Büro aufschreiben. Was fällt Ihnen spontan dazu ein?"

„Nun, wenn ich chronologisch vorgehe", sagte sie, „war es, dass er gleich den ersten Hochzeitstag vergessen hat. Aber noch viel schmerzlicher war, als er sich mit einem jungen Ding aus dem Büro amüsiert hat."

„Was wollen Sie also zuerst aufschreiben?"

„Ich denke, ich mach's der Reihe nach", antwortete sie.

„In Ordnung. Ich sage mal, wie Sie anfangen sollten. Schreiben Sie: ‚Ich fühlte mich ...' Wie würden Sie Ihre Gefühle beschreiben, als er den ersten Hochzeitstag vergaß?"

Helen überlegte einen Augenblick, bevor sie schrieb. Als sie fertig war, las ich folgenden Satz: „Ich fühlte mich tief verletzt und war total niedergeschlagen an unserem ersten Hochzeitstag, nachdem du von morgens bis abends kein Sterbenswörtchen darüber verlorst. Die ganze Zeit dachte ich, du würdest mich noch mit irgendetwas überraschen wollen, aber es kam nichts. Vielleicht erinnerst du dich noch: Wir haben bis spät in die Nacht gestritten. Ich weiß, dass ich dir damals schlimme Sachen an den Kopf geworfen habe, aber das kam nur, weil ich so sehr gekränkt war. Ich konnte mir einfach nicht vorstellen, dass du den Tag vergisst, an dem wir geheiratet haben."

„Es wäre gut, wenn Sie jetzt jeden weiteren Punkt mit: *Ich fühlte mich ...* beginnen", sagte ich. „Beschreiben Sie einfach Ihre Gefühle, als Bernd Ihnen dieses oder jenes antat oder etwas versäumte zu tun, was Sie verletzt hat. Predigen Sie ihn nicht an und machen Sie ihm keine Vorwürfe. Schreiben Sie, was in Ihnen vorgegangen ist. Schreiben Sie alles auf, was Ihnen einfällt. Es muss nicht unbedingt in chronologischer Reihenfolge sein. Aber die Liste sollte so vollständig wie möglich sein."

„Das kann aber lange dauern", sagte Helen lachend.

„Umso besser", entgegnete ich. „Wie viele Wochen werden Sie brauchen?"

„Ich denke, zwei werden reichen."

„Prima, dann sehe ich Sie in 14 Tagen wieder."

Zwei Wochen später las ich Helens Liste durch, in der 35 schmerzliche Erlebnisse aufgeführt waren. Zwei Punkte sollte sie verbessern, weil sie sie mit *Wegen dir habe ich ...* statt mit *Ich fühlte mich ...* eingeleitet hatte. Ich erinnerte Helen daran, dass es uns nicht darum ging, Bernd Vorwürfe zu machen, sondern ihn mit ihrer Gefühlswelt vertraut zu machen.

In der darauf folgenden Woche übergab ich Bernd die korrigierte Liste, und Helen bekam Bernds. Und beiden gab ich mit auf den Weg: „Verstehen Sie die Liste so: Es sind alles *Dinge, die Ihrem Partner auf dem Herzen lasten.* Ich möchte, dass Sie ein Gespür dafür bekommen, was der andere gefühlt hat, als es geschah. Ich gehe mal davon aus, dass Sie den Partner nicht absichtlich kränken wollten. Dennoch haben Sie letztlich einander Leid zugefügt. Wenn Sie sich nun mit der Vergangenheit auseinander setzen, sollen Sie sich dessen bewusst werden und Verantwortung dafür übernehmen."

Es ist oft schmerzlich, sich all das einzugestehen. Aber man kann die Vergangenheit nicht abschließen, solange man sich nicht bewusst macht, was alles geschehen ist. Und Angehörige mit einbeziehen hilft, auch die Sicht Außenstehender zu berücksichtigen. Wir sehen uns selber oft nicht so, wie andere uns beurteilen. Und wenn wir unsere eigenen Verletzungen aus der Vergangenheit *aufschreiben*, werden wir viel eher die Gründe kennen lernen, warum wir so verletzbar und wütend waren. Die schriftliche Form verhindert, dass wir allzu eilfertig mit Ausflüchten das Geschehene beschönigen.

Zweiter Schritt: Bekenntnis und Reue

Nachdem Bernd und Helen diese Informationen ausgetauscht und sich ihre eigenen Fehler bewusst gemacht hatten, waren Sie für den zweiten Schritt zur Bewältigung der Vergangenheit bereit: Bekenntnis und Reue – Gott gegenüber und dann vor dem Partner. Ich ermunterte beide, sich einzeln wieder zwei Stunden für Gott zu reservieren, die Bibel zur Hand zu nehmen und die Liste zu studieren. „Lesen Sie zu Anfang Psalm 51", schlug ich vor. „Das ist Davids Bekenntnis, nachdem ihn der Prophet Nathan zur Rede gestellt und er begriffen hatte, wie sehr er vor Gott und anderen schuldig geworden war. Nehmen Sie dieses Gebet als Vorlage für Ihr eigenes. Gehen Sie die Liste des anderen durch und bekennen Sie das alles Ihrem Gott."

Das dem Lateinischen entlehnte Wort *„Konfession"* (= Bekenntnis) bedeutet eigentlich, mit etwas übereinstimmen. Wenn man also sein Versagen bekennt, stimmt man mit Gott überein, sich falsch verhalten zu haben. Sie geben zu, dass Ihr Verhalten Leid verursacht und Gott bekümmert hat. Und genau das sagen Sie dem Partner. Es beginnt mit einer Einstellung, worauf Sie aktiv werden. Genauso ist es mit der Reue. Es tut Ihnen etwas Leid. Das ist eine Einstellung, und dann werden Sie aktiv, indem Sie auf Ihrem eingeschlagenen Weg stehen bleiben und schließlich umkehren. Und gleichzeitig bitten Sie um den Beistand des Heiligen Geistes, der Sie befähigen möchte, den Partner so zu lieben, wie Gott es beabsichtigt hat.

In der Heiligen Schrift lesen wir: „Wenn wir aber unsere Sünden bekennen, so ist er [Gott] treu und gerecht, dass er uns die Sünden vergibt und reinigt uns von aller Ungerechtigkeit" (1. Johannes 1,9). Sobald wir also unsere Sünden bekennen und sie bereuen, ist Gott bereit, sie uns ganz zu vergeben. Und er kann es auch ohne weiteres tun, weil Christus die Strafe für unsere Sünden bereits bezahlt hat. Gott muss also seiner Gerechtigkeit nicht zuwiderhandeln und kann uns Sündern dennoch die Schuld erlassen, weil Christus bereits dafür gebüßt hat (siehe Römer 8,8-11).

Nachdem Bernd und Helen ihre Schuld vor Gott bekannt und Reue dafür gezeigt hatten, sollten sie das Gleiche nun auch untereinander tun. „In der kommenden Woche", sagte ich, „reservieren Sie füreinander zwei Stunden, in denen niemand Sie stört, und gehen Sie gemeinsam Ihre Listen Punkt für Punkt durch. Bekennen Sie einander, was Sie falsch gemacht haben und dass es Ihnen Leid tut, den anderen so verletzt zu haben. Bitten Sie ihn dann um Vergebung.

Versuchen Sie nicht, es möglichst schnell hinter sich zu bringen", mahnte ich noch einmal. „Nehmen Sie sich für jeden einzelnen Punkt Zeit. Der andere soll ganz bewusst mitbekommen, dass Sie etwas bereuen und sich deshalb auch schlecht fühlen."

Ich gab den beiden noch einen weiteren Rat mit auf den Weg: „Ziehen Sie nicht die Ernsthaftigkeit des anderen in Zweifel. Wir haben unterschiedliche Temperamente. Die einen brechen schnell in Tränen aus, andere höchst selten. Erwarten Sie also vom Partner nicht unbedingt die gleiche Körpersprache, die Ihnen vertraut ist. Er oder sie mag äußerlich wenig zeigen und es trotzdem nicht minder ernst meinen. Nehmen Sie Ihren Partner einfach beim Wort, und glauben Sie ihm, dass die Entschuldigung von Herzen kommt. Drücken Sie Ihrerseits den Wunsch aus, es mit Gottes Hilfe in Zukunft anders und vor allem besser zu machen."

Dritter Schritt: Vergebung

Jetzt waren Bernd und Helen bereit zur Vergebung. Für die Bibel ist Vergebung stets die christliche Antwort auf Bekenntnis und Reue. Jesus sagte: „Wenn dein Bruder sündigt, so weise ihn zurecht; und wenn er es bereut, vergib ihm" (Lukas 17,3). Im christlichen Leben hat Nachtragen von Sünden keinen Platz. Jesus lehrte sogar, dass derjenige, der nicht vergeben will, gegen Gott rebelliert.[9]

Und so sagte ich zu Bernd und Helen: „Denken Sie immer daran: Vergebung ist kein Gefühl, sondern die Entscheidung, die eigentlich gerechte Strafe für erfahrenes Leid aufzuheben und den Partner freizusprechen. Vergebung heißt aber nicht, dass man an das jeweilige Ereignis nie wieder denken wird, und auch das Leid, das man damals erfahren hat, ist nicht auf einmal aus dem Sinn. Vergebung heißt einzig und allein, dass man das erlittene Unrecht dem anderen nicht mehr als Schuld anrechnet. Wie es in 1. Korinther 13,5 heißt: ‚Die Liebe rechnet das Böse nicht zu.'"

Vergebung heißt auch, dem anderen Verfehlungen nicht immer wieder an den Kopf zu werfen. Wir erkennen an, dass Christus die Strafe längst bezahlt hat, und so können auch wir es dem anderen nachsehen.

Dieser Umgang mit früheren Verfehlungen des anderen gilt als Stra-

---

9 Meine Ausführungen beruhen auf Jesu Worten über die Vergebung in Matthäus 6,14-15; 18,35.

tegie für alle vier Jahreszeiten, denn wir alle tun ständig anderen Unrecht, sodass uns vergeben werden muss. Paare im Winter oder Herbst besitzen womöglich ganze Lagerhäuser voll gehorteter Kränkungen, die dort schon Schimmel ansetzen, während Paare im Frühling und Sommer eher mit den laufenden Fehlern des anderen umgehen lernen müssen, die täglich im Alltag passieren. Wichtig ist nur, dass nichts ins Lagerhaus der Schuld wandert und schließlich als Altlast die Beziehung vergiftet.

Der Gedanke, sich mit vergangenem Versagen zu beschäftigen, löst bei manchen regelrecht Panikattacken aus. Ich denke da an einen Mann, der zu mir sagte: „Im letzten halben Jahr hat sie's nicht mehr zur Sprache gebracht, und ich hoffe inständig, dass sie alles vergessen hat. Jetzt werde ich doch nicht schlafende Hunde wecken!" Die Tatsache, dass er Angst hatte, alles wieder zur Sprache zu bringen, zeigte an, dass ein bestimmter Vorfall niemals bekannt und vergeben worden war. Ich weiß nicht, ob er sein Versagen je zur Sprache gebracht hat, aber es ist wie bei jenen Erdwespen, die urplötzlich aus ihrem Nest vorstoßen und jeden stechen, der sich in der Nähe aufhält.

Ich weiß, dass es vielen Menschen schwer fällt, vergangenes Unrecht anzusprechen. Aber der Nutzen ist enorm, wenn wir Schuld erkennen, bekennen, bereuen und vergeben. Es ist jede Mühe wert. Wenn Sie selber spüren, an dieser Stelle nicht weiterzukommen, dann bedenken Sie diese drei Vorteile:

1. Sie brauchen keine Angst mehr vor plötzlichen Enthüllungen aus der Vergangenheit zu haben, denn Sie haben Ihr Versagen längst bekannt und Vergebung erhalten.

2. Ihre eheliche Beziehung wird vertrauter, wenn Sie und Ihr Partner ganz persönlich erleben, was es heißt, einander Schuld zu bekennen, zu bereuen und zu vergeben. Vergebung macht die Wiederherstellung einer zerrütteten Ehe erst möglich.

3. Wenn Sie anderen vergeben, werden Sie Christus ähnlicher. Der richtige Umgang mit Fehlern der Vergangenheit ist also ein riesiger Wachstumsschritt zu größerer geistlicher Reife.

Bernd und Helen befolgten die Strategie 1 und taten damit etwas Wichtiges, um vom Winter in den Frühling zu gelangen. Und tatsächlich bekamen die beiden ziemlich bald wieder Frühlingsgefühle, und sie machten Pläne für eine gemeinsame Zukunft. Ich gab Ihnen die Warnung mit auf den Weg, dass nun nicht gleich alles perfekt sei und dass der eine oder andere auch wieder in alte Verhaltensmuster zurückkehren könne. „Aber wenn das geschieht", sagte ich, „machen Sie sich sogleich bewusst, dass es Sünde ist. Bekennen Sie es so schnell wie möglich Gott und dem Partner und bitten Sie um Vergebung."

Ich werde oft gefragt, wie man sich verhalten soll, wenn der andere von dieser Strategie nichts hält. Ausführlicher werde ich auf diese Frage in der Strategie 7 eingehen, aber kurz möchte ich doch schon dazu sagen, dass Sie durch Ihr eigenes Verhalten Einfluss auf den Partner ausüben. Sofern Sie sich entscheiden, dem biblischen Vorbild zu folgen, wird sich das positiv auf Ihren Partner auswirken. Sie können den anderen damit nicht manipulieren. Letztlich muss er selber darüber entscheiden, wie er sich verhält. Dennoch, biblische Strategien erweisen sich stets als wirkungsvoll, wenn es darum geht, einen abweisenden Ehepartner mit ins Boot zu ziehen.

Strategie 2

Sich den Sieg zum Ziel setzen

Die meisten Athleten werden darin übereinstimmen, dass der Sieg 90 Prozent Einstellung und 10 Prozent harte Arbeit ist. Und wenn das für die Welt des Sports gilt, dann gewiss auch für unsere zwischenmenschlichen Beziehungen. Frühlings- und Sommerehen werden durch positive Einstellungen geschaffen und am Leben erhalten. Herbst- und Winterehen dagegen sind durch negative Einstellungen und Erwartungen entstanden. So, wie wir denken, handeln wir meist auch. Und umgekehrt funktioniert es auch: Unser Handeln beeinflusst unser Denken und Fühlen. Aber es ist gerade diese Verknüpfung, die Hoffnung schöpfen lässt. Denn wenn wir unser Denken verändern, werden wir auch die Jahreszeit unserer Ehe wechseln können!

Der größte Fehler, den viele Paare machen, ist, dass sie ihren negativen Gefühlen und Gedanken erlauben, ihr Verhalten zu bestimmen. Indem sie die Macht des positiven Wollens nicht erkennen, versäumen sie es, das Beste aus ihrer Ehe zu machen.

In der Geschäftswelt ist die Wirkung des positiven Denkens schon eine Binsenweisheit geworden. Hier als Beispiel die unterschiedlichen Denkweisen von zwei Verkäufern. Der eine denkt: *Die Leute brauchen immer Staubsauger, und ich habe den besten auf dem Markt. Wenn ich also die Gelegenheit habe, ihn vorzuführen, dann werden sie ihn mir aus den Händen reißen. Ich bin es, der ihnen die Gelegenheit dazu eröffnet.* Der andere aber denkt: *Wer will schon einen neuen Staubsauger kaufen! Die Leute haben ganz andere Sorgen heute. Und leisten können sie sich die teuren Dinge auch nicht, selbst wenn sie es wollten.* Wer von den beiden wird wohl mehr Staubsauger verkaufen? In diesem Kapitel will ich Ihnen ein wenig auf die Sprünge helfen, eine positive Grundeinstellung einzunehmen um damit Ihre Ehe glücklicher zu machen.

Ich muss zugeben, diese Lektion ausgesprochen schmerzvoll gelernt zu haben. In den Anfangsjahren unserer Ehe haben meine Frau und ich viel Zeit im Winter verbracht, weil ich so negativ gedacht habe. Mitten in der kalten Jahreszeit fiel es mir schwer, anzuerkennen, dass *meine Einstellung* Teil des Problems war. Es war doch so viel bequemer,

Karolyns Verhalten für die unglückliche Ehe verantwortlich zu machen. Heute aber weiß ich, dass mein notorischer Pessimismus schuld an allem war. Sollten auch Sie gerade im Herbst oder Winter leiden, gehe ich mal davon aus, dass Sie ebenfalls dazu neigen, dem Partner die Schuld zu geben und Ihre eigene negative Einstellung gar nicht wahrnehmen. Wollen Sie aber der Kälte des Winters entrinnen, so sollten Sie sich zu Herzen nehmen, was in diesem Kapitel besprochen wird. Eine veränderte Einstellung wirkt wie ein Katalysator für den Klimawechsel in Ihrer Ehe.

Die Umstände selber sind eigentlich neutral. Sie sind einfach da. Es kommt lediglich darauf an, wie wir sie interpretieren und was wir daraus machen – das allein entscheidet über Erfolg oder Versagen. Lassen Sie mich den Unterschied an zwei Paaren demonstrieren, die ganz verschiedene Wege eingeschlagen haben. Es geht um Bea und Klaus sowie Uwe und Karin.

Bea und Klaus waren zwölf Jahre verheiratet, als ihr neunjähriger Sohn starb. Er schoss mit dem Fahrrad aus der Grundstückseinfahrt auf die Straße, wurde angefahren und war sofort tot. Bei meinem ersten Gespräch mit Bea, kaum sechs Stunden nach dem Unfall bemerkte ich, dass der Same der Schuldzuweisung bereits gelegt war. Sie klagte damals: „Noch eine Woche zuvor habe ich Klaus bekniet, mit Alex zu reden und ihn auf die Gefahren im Straßenverkehr aufmerksam zu machen. Hätte Klaus sich dazu bequemt, wär's wahrscheinlich nicht so weit gekommen."

Später sprach ich auch mit Klaus und bemerkte eine ähnlich vorwurfsvolle Haltung. „Ich habe da nie gern gewohnt", sagte er. „Schon vor zwei Jahren habe ich Bea zu verstehen gegeben, dass ich lieber aufs Land ziehen wolle. Es ist nicht schön, Kinder in der Stadt großzuziehen. Einfach viel zu gefährlich. Hätte ich mich doch bloß nicht von ihr abhalten lassen!"

Zwei Monate später kreisten Klaus' Gedanken noch immer um dasselbe Thema. „Vor zwei Jahren hätten wir schon wegziehen sollen – auf eine Farm. Aber Bea hat sich ja quergestellt. In der Stadt sei's so bequem. Aber das Leben ist eben mehr, als immer nur Bequemlichkeit suchen."

In der darauf folgenden Woche sprach ich dann mit Bea, und auch sie beschäftigte noch immer derselbe Gedanke. „Wenn Klaus doch bloß mit Alex rechtzeitig geredet hätte! Hätte der Junge über die Gefahren im Straßenverkehr Bescheid gewusst, wäre er noch am Leben." Bea gab Klaus die Schuld und umgekehrt. Keiner sagte es dem andern ins Gesicht, aber sie verrieten sich, wenn sie mit mir sprachen.

Ich würde gern berichten, dass die beiden ihre Einstellung änderten, aber kaum ein Jahr später trennten sie sich, und inzwischen sind sie auch geschieden, was die beiden anderen Söhne in tiefes Leid stürzte, die damals erst fünf und sieben waren. Negatives Denken und Fühlen führte zu negativem Handeln, und tiefe Verbitterung war die Folge. Am Schluss stand die Scheidung.

Uwe und Karin erlebten eine ähnliche Tragödie, aber die Geschichte ging völlig anders aus. Andrea, ihre siebenjährige Tochter, ertrank im Swimmingpool, während die Eltern im Haus waren. Sie wollten eigentlich alle zusammen schwimmen, aber das Mädchen war bereits vor ihnen ins Wasser gesprungen. „Sie war eigentlich eine gute Schwimmerin", sagte Karin, „und sie ist nie ohne uns ins Wasser gesprungen. Das war eine unserer Regeln. Ich weiß also nicht, was eigentlich passiert ist."

In den folgenden sechs Monaten hatte ich mehrere Sitzungen mit Karin und Uwe, aber nicht ein einziges Mal haben sie sich gegenseitig die Schuld für alles gegeben. Und auch der Tochter machten sie im Nachhinein keine Vorwürfe. „Sie war eben noch ein Kind", sagte Karin mit Tränen in den Augen. „Es bringt ja auch nichts, ihr jetzt noch vorzuwerfen, dass sie die Regel gebrochen hat. Das macht sie nicht wieder lebendig." Uwe und Karin leisteten eine vernünftige Trauerarbeit, gewährten einander das Recht, hemmungslos zu weinen, hielten sich oft in den Armen und gingen aus dem Drama mit einer gestärkten Ehe hervor.

„Wir hatten schon zuvor eine glückliche Ehe", sagte Uwe einmal, „aber der Verlust von Andrea hat uns noch mehr zusammengeschweißt. Wir wissen, dass wir sie nicht mehr zurückbekommen, aber wir müssen zusehen, auch in ihrem Sinne zu handeln – was sie gewollt hätte. Wir wollen gute Eltern für unseren Sohn bleiben und Gott die Zukunft anvertrauen."

In den Jahren nach Andreas Tod taten die beiden noch viel Gutes. Und Gott schenkte ihnen zwei weitere Kinder, denen sie ein schönes und heiles Zuhause gaben.

Der Unterschied zwischen den beiden Paaren liegt in der ganz anders gearteten Einstellung zum Leben. Beide erfuhren schreckliches Leid und mussten mit einem tragischen Verlust fertig werden. Aber das eine Paar entschied sich für eine Haltung der permanenten Schuldzuweisung, während das andere sich gegenseitig annahm und eine Atmosphäre der Geborgenheit schuf. Die Einstellung machte also den Unterschied. „Gott hat uns Andrea geschenkt, und wir durften sie für sieben wunderbare Jahre behalten", sagte Uwe einmal. „Sie hat uns so viel Freude gemacht, und nun ist sie in der Gegenwart Gottes. Sie hat Jesus lieb gehabt. Wir haben sie lieb gehabt, und wir wissen, dass wir sie eines Tages wiedersehen werden. Ganz bestimmt würde sie nicht wollen, dass wir in den nächsten zwanzig Jahren nur noch herumsitzen und Trübsal blasen. Wir werden für unsere Kinder da sein, solange uns Gott mit dieser Aufgabe betraut." Karin nickte zustimmend. Gemeinsam hatten sie vorgelebt, wie eine positive Einstellung mitten im Leid Flügel verleiht.

Eine christliche Weltsicht – also eine biblische Lebensperspektive – erleichtert es Paaren, auch in Krisen eine positive Einstellung zu behalten. Vielleicht fragen Sie jetzt: „Was macht diese ‚christliche Weltsicht' aus, dass sie eine so positive Lebenseinstellung fördert?" Ich möchte hier ein paar Merkmale nennen.

Zuerst ist da die Erkenntnis, dass jedes menschliche Wesen nach dem Bild Gottes erschaffen worden ist und schon deshalb einen hohen Wert besitzt. Darüber hinaus ist jeder Mensch von Gott auf einzigartige Weise mit Gaben beschenkt worden. Drittens hat jeder Mensch eine ganz individuelle Rolle im Leben anvertraut bekommen. Viertens ist die Ehe Gottes Erfindung. Mann und Frau sind als Individuen erschaffen worden, um als solidarische Gemeinschaft von zwei Menschen selber kreativ zu werden. Jeder von ihnen hat Stärken und Schwächen, sodass sie einander ergänzen sollen. Wenn ihnen das gelingt, werden sie gemeinsam mehr erreichen als jeder für sich. Fünftens: Das Ziel der Ehe ist, sich als Mann und Frau gegenseitig zu dienen, damit jeder sein Potenzial voll ausschöpfen kann – für Gott und um das Gute in der Welt voranzutreiben.

Merkmale einer christlichen Weltsicht

Jeder Mensch ist nach dem Bild Gottes erschaffen worden und deshalb unendlich wertvoll.

Jeder Mensch ist individuell mit Gaben und Talenten beschenkt worden.

Jeder Mensch hat eine ganz persönliche Rolle im Leben zu spielen.

Die Ehe ist Gottes Erfindung. Mann und Frau sollen sich darin gegenseitig ergänzen.

Das Ziel der Ehe ist es, Gott zu verherrlichen, indem man den Partner unterstützt und ihm hilft, das ihm von Gott geschenkte Potenzial ganz auszuschöpfen.

Wenn ich auf die verschiedenen Winter meiner Ehe zurückblicke, erkenne ich, dass ich in diesen Zeiten meine Frau nicht sehr geachtet habe. Vielmehr hatte ich ständig im Auge, was sie alles nicht konnte und wo sie versagte. Tief verletzt und gekränkt durch das, was sie sagte oder verschwieg, und verärgert über so vieles, was sie tat oder unterließ, ertappte ich mich immer wieder dabei, schlecht von ihr zu denken und ihr die Schuld dafür in die Schuhe zu schieben, dass unsere Beziehung so armselig war.

In meiner Seelsorgepraxis habe ich inzwischen erfahren, wie weit verbreitet diese zerstörerischen Denkmuster sind. Als Beispiel möchte ich Maria nennen, die 29 Jahre mit ihrem Mann Nico verheiratet war. Sie erklärte mir, dass sie eindeutig gerade den Winter ihrer Ehe erlebten. „Ich fühle mich völlig ungeliebt und bin eigentlich immer nur verbittert", sagte sie.

„Wie ist es denn bei Ihnen Winter geworden?", wollte ich wissen.

„Der Beruf meines Mannes ist schuld. Es wird viel verlangt heutzutage, und er arbeitet bis zum Umfallen. Ich sehe ihn manchmal den ganzen Tag nicht. Und dann bin ich es, an der alles andere hängen bleibt. Ich muss mich um alles kümmern – um die Jungen, um die praktischen Dinge des Alltags und um die Finanzen. Er ist im Laufe der Zeit immer unnahbarer geworden, und reden tun wir auch kaum noch miteinander. Zwar war's zwischendurch auch mal besser, aber ich möchte diesen Teufelskreis endgültig durchbrechen."

Die gute Nachricht für Maria lautet, dass dies möglich ist. Und es beginnt damit, dass sie ihre Einstellung Nico gegenüber ändert. Er ist offenbar ein fleißiger Mann, der mehr als nur die Brötchen verdient. Und nach Marias eigenen Worten, ist er ihr wohl nie sexuell untreu geworden. Das sind doch eigentlich anerkennenswerte Eigenschaften. Aber Nico ist es offenbar nicht gelungen, das Bedürfnis seiner Frau nach Liebe und Geborgenheit zu stillen. Deshalb hat sie das Gefühl, im Winter ihrer Ehe festzustecken.

Ohne es selber zu bemerken, hat Maria ihre Ehe mit einer negativen Grundeinstellung torpediert. Sie hat es zugelassen, dass das Gefühl, verletzt und vernachlässigt worden zu sein, sie wütend gemacht hat und ihr Verhalten Nico gegenüber bestimmen konnte. Wiederholt hat sie ihn und seinen Fleiß im Beruf kritisiert und Dinge gesagt wie: „Du lässt dich von der Firma nach Strich und Faden ausnutzen, und all die vielen Überstunden lässt du dir nicht bezahlen. Aber mal eine Gehaltserhöhung verlangen, das kriegst du nicht hin." Ein anderes Mal wieder hielt sie ihm vor, die Kinder zu vernachlässigen: „Wie kannst du erwarten, dass die Jungs auf dich hören, wenn du mit ihnen gar keine Zeit verbringst?" Die Tatsache, dass Nico jeden Sonntagnachmittag mit den Jungen Fußball spielte und sie immer wieder auch auf Dienstreisen mitnahm, kam in Marias Vorhaltungen nicht vor. Sie schien es auszublenden.

Darunter litt natürlich auch Nico. „Ich mache es ihr niemals recht", klagte er. „Was ich auch tue, es reicht nie. Und deshalb habe ich irgendwann aufgehört, mich darum zu bemühen. Ich schalte einfach auf Durchzug, wenn sie wieder ihre Reden schwingt. Ich wünschte, die Jungen müssten nicht in solch einer negativen Atmosphäre aufwachsen." Auch Nico sieht immer nur Marias Schwächen und vergisst ihre Stärken. Die vielen Stunden, die sie sich mit dem Haushalt abmüht und in denen sie den Jungen eine gute Nachhilfelehrerin ist, sind ihm nicht bewusst. Allein ihre häufigen Vorhaltungen prägen sein Denken und Handeln. All das könnte sich spontan verändern, wenn die beiden sich den Sieg zum Ziel setzen würden. Im Augenblick aber richten sie sich durch ihre negative Einstellung im Winter häuslich ein.

Den Teufelskreis durchbrechen

Was muss man tun, um sich den Sieg zum Ziel zu setzen? Zunächst einmal müssen wir uns der eigenen negativen Einstellung bewusst werden. Normalerweise finden wir jede Menge Ausreden dafür, warum wir so pessimistisch sein *müssen*. Wir sagen dann: „Wie kannst du etwas anderes von mir erwarten, wo ich so behandelt werde!" Oder wie eine Frau bei mir im Büro rief und gleichzeitig mit dem Finger auf ihren Mann deutete: „Natürlich habe ich eine negative Einstellung – und das da ist der Grund."

Solange wir überzeugt sind, unsere Einstellung sei legitimiert, und dafür tausend Gründe nennen, wird sich gar nichts ändern. Wenn wir aber vom Winter die Nase voll haben und uns nach dem Frühling sehnen, müssen wir begreifen, dass sich unsere Einstellung ändern muss.

Der zweite Schritt, um uns den Sieg zum Ziel zu setzen, besteht darin, den positiven Seiten unseres Partners wieder mehr Aufmerksamkeit zu schenken. Ich schlage vor, dass Sie eine Liste machen. Bitten Sie Gott, Ihnen all das ins Gedächtnis zu rufen, was an Ihrem Mann oder Ihrer Frau liebenswert ist. Und schreiben Sie dann alles Punkt für Punkt auf. Beziehen Sie auch die Kinder mit ein, indem Sie zu ihnen sagen: „Ich bin gerade dabei, meine Einstellung Papa (Mama) gegenüber zu überdenken. Ich möchte seine (ihre) guten Seiten wieder mehr in den Vordergrund rücken. Erzählt mir doch mal, was ihr an eurem Vater (eurer Mutter) mögt, was ihr schätzt und bewundert. Ich möchte das alles aufschreiben." Sie werden nicht nur ein freudiges Feed-back von den Kindern bekommen, sondern auch noch ihre Einstellung zum anderen Elternteil positiv beeinflussen. Sollte Vater oder Mutter die Kinder auf irgendeine Weise schlecht behandelt haben, könnten Sie vorausschicken: „Ich weiß, dass Papa (Mama) euch schon oft schlimm Unrecht getan hat. Mir geht's nicht anders. Trotzdem möchte ich meine Haltung ihm (ihr) gegenüber ändern und ihn (ihr) einfach mehr für all das anerkennen, was er (sie) uns zukommen lässt. Und dafür brauche ich eure Hilfe."

Mit Gottes Hilfe und der Unterstützung Ihrer Kinder werden Sie wahrscheinlich eine ziemlich lange Liste mit den positiven Eigenschaften Ihres Partners zustande bringen. Aber selbst wenn die Liste nur kurz ausfällt, haben Sie etwas, worauf Sie Ihre Gedanken konzentrieren können. So sagte eine Frau über ihren Mann: „Ich muss einfach zugeben, dass er gut pfeifen kann. Manchmal stört's auch, aber ich habe noch nie jemanden so schön pfeifen gehört."

Der dritte Schritt ist, die positiven Eigenschaften in den Vordergrund zu rücken. Fangen Sie damit an, indem Sie Gott für den anderen danken. Sollten Sie allerdings tief verletzt worden sein, so dürfen Sie vor dem Dank ruhig erst Ihre Klagen vorbringen. So könnten Sie wie folgt beten: „Lieber Gott, du weißt, wie mein Mann (meine Frau) mich behandelt. Du weißt, wie verletzt ich mich fühle und wie aufgebracht ich bin. Aber ich danke dir, dass er (sie) nicht nur schlecht ist. Für Folgendes möchte ich dir deshalb danken: Danke, dass er (sie) …"

Gehen Sie Ihre Liste Tag für Tag durch und danken Sie für die guten Eigenschaften des Partners. Bitten Sie Gott, Ihr Denken in diese Richtung zu lenken. Sagen Sie Ihrem Partner, dass Sie keine Lust mehr haben, ihm oder ihr Vorhaltungen zu machen, und gestehen Sie ein, dass das ganze negative Gerede zu nichts geführt hat. Deshalb wollen Sie damit aufhören.

Der vierte Schritt besteht darin, Gott zu bitten, Ihnen eine biblische Sicht vom Partner zu geben. Blättern Sie noch einmal zurück und lesen Sie über die Merkmale einer christlichen Weltsicht. Danken Sie Gott, dass auch Ihr Partner nach dem Bilde Gottes geschaffen wur de und deshalb sehr wertvoll ist. Danken Sie Gott, dass der andere einzigartig mit Gaben beschenkt worden ist. Danken Sie dem Herrn, dass der Partner eine ganz individuelle Rolle im Reich Gottes spielen darf. Danken Sie Gott für die Erfindung der Ehe. Und erkennen Sie an, dass die Ehe als Geschenk ein Segen und kein Fluch sein soll. Danken Sie Gott, dass Sie die Gelegenheit bekommen, Ihrem Partner zu dienen und ihm zu helfen, sein ganzes Potenzial im Reich Gottes zu entfalten.

Fangen Sie an, dem Partner Ihre Wertschätzung für alles zu zeigen, was Sie an positiven Dingen entdecken. In der Weisheitsliteratur der Bibel lesen wir folgende Worte: „Worte haben Macht; sie können über Leben und Tod entscheiden." (Sprüche 18,21). Sie können Ihrer Ehe neues Leben einhauchen, indem Sie dem Ihnen anvertrauten Menschen Ihre Wertschätzung zusprechen. Wenn Sie Kritik durch Lob und Anerkennung ersetzen, wird das das Herz des anderen für Sie erwärmen. Und über kurz oder lang wird der Partner auch Sie in einem ganz anderen Licht sehen. Das aber wird sich im Umgang miteinander nachhaltig bemerkbar machen. Es handelt sich dabei keineswegs um Manipulation. Nein, es ist vielmehr die natürliche Folge, wenn Menschen gelobt und wertgeschätzt werden.

Den Teufelskreis durchbrechen

Werden Sie sich Ihres negativen Denkens bewusst.

Suchen Sie nach positiven Eigenschaften Ihres Partners und schreiben Sie sie alle auf.

Halten Sie sich selber dazu an, Ihr Hauptaugenmerk auf diese positiven Züge des Partners zu richten.

Bitten Sie Gott, Ihnen zu helfen, den Partner aus biblischer Perspektive zu sehen.

Sagen Sie Ihrem Partner, wie sehr Sie ihn schätzen.

Ich höre geradezu, wie der eine oder andere Leser jetzt einwendet: „Soll ich etwa die negativen Seiten meines Mannes (meiner Frau) unter den Teppich kehren? Da kommt selbst meine wohlwollende Einstellung nicht gegen an." Vielleicht nicht sofort. Aber eine positive Einstellung auf Ihrer Seite wird in der Beziehung einen dynamischen Prozess in Gang setzen, sodass eine ganz neue Atmosphäre entsteht, und in der wiederum wird sich das Verhalten des Partners zum Besseren verändern. Einfach gesagt: Eine positive Einstellung, ausgedrückt durch Lob und Anerkennung, weckt positive Reaktionen. Das Eis des Winters beginnt zu schmelzen und Frühlingserwachen stellt sich ein. Das ist nicht tief schürfende Psychologie und Theologie, aber gesunder Menschenverstand. Setzen Sie sich den Sieg zum Ziel, und Sie werden alles gewinnen, was Sie sich erträumen. Sagen Sie zu sich selber, dass Sie ein besserer Partner werden können – und Sie werden es sein. Sagen Sie zu sich selber, dass sich der andere zum Besseren verändern kann – und er oder sie wird es. Sagen Sie zu sich selber, dass Sie mit Gottes Hilfe Frühlingsanfang erleben werden – und mit großer Wahrscheinlichkeit werden Sie es.

Sich mit Optimismus den Sieg zum Ziel zu setzen ist ein guter Rat für alle vier Jahreszeiten. Im Winter ist es der erste Schritt auf dem Weg in den Frühling. Im Herbst kann das Gespräch wieder in Gang kommen, wenn Sie die positiven Eigenschaften des anderen wieder mehr beachten. Sie verhindern so das Abgleiten in den Winter. Im Frühling und Sommer wird eine freundliche Einstellung wie ein südliches Klima noch mehr Blütenpracht entfachen – und die Ehe wird wachsen und gedeihen.

Eine weitere Möglichkeit, es wieder Frühling und Sommer werden zu lassen, wird in der Strategie 3 beschrieben.

Die Sprache der Liebe des Partners erlernen

Neulich kam ich im Supermarkt beim Zeitschriftenregal vorbei, und ich ließ meinen Blick über all die bunten Hefte schweifen. Da wunderte ich mich, bei wie vielen das Wort *Liebe* auf der Titelseite prangte. Als ich darauf mit dem Auto nach Hause fuhr, hatte ich den Lokalsender für Countrymusic eingestellt. Der DJ spielte zwölf Titel hintereinander ohne Werbeunterbrechung, und von den zwölf Stücken handelten zehn von der Liebe.

Schauen Sie mal in die täglichen Soaps im Fernsehen. Die Werbeagenturen werden Ihnen bestätigen, dass Liebesthemen den Umsatz steigern. Das alles macht deutlich, dass die Liebe in der westlichen Kultur zu einer Art Suchtobjekt geworden ist. Doch trotz dieser Medienpräsenz der Liebe sieht es in der Realität ganz anders aus. Tausende von Kindern kuscheln sich jeden Abend in ihr Bett nach einem Tag ohne elterliche Liebe. Und unzählige Paare legen sich schlafen, ohne auch nur ein bisschen Zuneigung und Wärme gespürt zu haben. In unserer Kultur ist die Kenntnis vom wahren Wesen der Liebe völlig verschüttet – und das macht sich in unseren zwischenmenschlichen Beziehungen so tragisch bemerkbar. Dabei ist zum Überwinden eines Ehewinters nichts wirkungsvoller, als sich mit der wahren Natur der Liebe vertraut zu machen.

Mit schuld an der Misere ist die Tatsache, dass wir das Wort *Liebe* oft so unbedacht benutzen. Hören Sie mal, was die Leute so sagen: „Ach, ich liebe Hunde!" – „Ich liebe es, am Strand zu liegen." – „Ich liebe die Berge." – Ich liebe Cabrios." – „Ich liebe meine Mutter." – „Ich liebe Schokoladeneis." – „Ich liebe diese Zoobesuche." Wen wundert es da noch, dass es die Frau nicht mehr vom Hocker reißt, wenn der Mann zu ihr sagt: „Ich liebe dich, Schatz."!

In diesem Kapitel will ich das Thema des laxen Umgangs der Gesellschaft mit dem Begriff Liebe nicht weiter vertiefen. Ich will uns vielmehr ins Bewusstsein rücken, wie wichtig die Liebe als ein Grundbedürfnis des Menschen ist. Eins wissen wir alle instinktiv, ob wir gebildet oder ungebildet sind: Kinder müssen sich geliebt fühlen, um zu gedeihen. Jedes von ihnen hat einen Liebestank. Ist dieser gefüllt – wenn es sich also von den Eltern wirklich geliebt fühlt –, dann entwickelt sich das Kind normal und wird sich in der Welt zurechtfinden. Bleibt der Liebestank jedoch leer, entsteht ein Defizit, das viele seelische Probleme nach sich zieht. Gerade in der Pubertät werden diese vernachlässigten Kinder auf die Suche nach Liebe gehen – meistens aber an falschen Orten. Auffälliges Trotzverhalten bei Kindern und Jugendlichen ist meist auf einen leeren Liebestank zurückzuführen.

Und bei den Erwachsenen ist es nicht anders. Ob verheiratet oder ohne Partner – auch jeder Erwachsene hat einen solchen Liebestank. Sofern wir uns von Menschen geliebt fühlen, die uns etwas bedeuten, ist das Leben wunderschön. Ist der Liebestank jedoch leer, gerät unser soziales Verhalten aus dem Gleichgewicht.

Wir Verheirateten wollen natürlich von unserem Ehepartner geliebt werden. Bekommen wir diese Liebe, dann ist die Welt in Ordnung. Doch sobald der Liebestank leer ist, verfinstert sich alles. Erfolge im Beruf, bei der Ausbildung oder im Sport können niemals die Sehnsucht des Herzens nach Liebe stillen. Sobald sich die Liebe in einer Ehe verflüchtigt, gerät sie in den Winter, und umgekehrt weht bald ein laues Lüftchen, wenn die Liebe neu geweckt wird. In diesem Kapitel möchte ich mich mit der Liebe in der Ehe beschäftigen, und das, was ich aufgeschrieben habe, kann, wenn Sie es beherzigen, das Klima in Ihrer Ehe nachhaltig verbessern.

Es beginnt alles mit den Schmetterlingen im Bauch. Aus heiterem Himmel begegnen wir jemandem, der unsere Aufmerksamkeit erregt. Sein Aussehen, die Art zu reden oder die Gestik – irgendetwas an ihm oder ihr gibt uns dieses kribbelige Gefühl. Die Schmetterlinge im Bauch sind es, die uns veranlassen, ein Treffen zu verabreden. Aber dann haben sie sich plötzlich verflüchtigt, weil uns irgendetwas am andern nicht passt. Es kann aber auch Menschen geben, da wird es von Begegnung zu Begegnung aufregender. Immer mehr Schmetterlinge flattern, und im Nu sind wir vollkommen aus dem Häuschen und felsenfest davon überzeugt, dass diese Person der wunderbarste Mensch ist, dem wir je begegnet sind. Alle anderen sehen auch die Mängel

– nur wir nicht. Da sagen die Eltern vielleicht: „Kind, hast du nicht bedacht, dass er in den letzten fünf Jahren keine einzige feste Anstellung gehabt hat?" Wir aber antworten: „Gebt ihm noch ein bisschen Zeit. Er wartet nur auf die günstige Gelegenheit." Oder unsere Freunde fragen uns: „Stört es dich gar nicht, dass sie vorher schon fünfmal verheiratet gewesen ist?" Worauf wir entgegnen: „Das waren alles nur Nieten. Die Frau verdient es, endlich einen ganzen Kerl zu bekommen, und ich bin einer, der sie glücklich machen kann."

Dieses Phänomen möchte ich als *zwanghafte Leidenschaft* beschreiben. Wir bekommen den Geliebten partout nicht mehr aus dem Kopf. Beim Zubettgehen denken wir an ihn, wir träumen von ihr und wachen mit Gedanken an sie auf. Und den ganzen Tag über fragen wir uns, was der andere wohl gerade tun mag. Anrufe sind Höhepunkte des Tages, und wir möchten am liebsten ständig mit dem oder der Angebeteten zusammen sein. Weil es zwanghaft wird, entwickeln wir fixe Ideen: *Ich werde niemals wieder glücklich sein, wenn er nicht bei mir ist. Nichts anderes auf der Welt zählt mehr.* In diesem Stadium der Liebe wird alles Trennende klein geredet oder rundweg geleugnet. Was zählt, ist, dass wir glücklich sind und nie glücklicher waren. Und wir wollen es für den Rest unseres Lebens bleiben.

Diese euphorische Phase kostet uns wenig Anstrengung. Wir werden fortgerissen von einem Wildbach großer Gefühle. Dem anderen soll es an nichts fehlen, dafür wollen wir alles tun. Und ausgerechnet in dieser Zeit der zwanghaften Leidenschaft heiraten die meisten Paare. Sie glauben, dass es mit diesen Hochgefühlen immer so weitergeht und begreifen nicht, dass die euphorische Leidenschaft nur das Anfangsstadium einer wahrhaft romantischen Liebe ist.

Diese anfängliche Hochstimmung dauert im Durchschnitt zwei Jahre. Neigt sich diese Zeit dem Ende zu, müssen wir uns auf die nächste Beziehungsphase vorbereiten, die viel stärker vom Verstand bestimmt wird und nun bewusste Anstrengung erfordert, um die emotionalen Bedürfnisse des andern zu stillen. Vielen Paaren gelingt dieser Übergang nicht. Stattdessen sehnen sie sich nach den Schmetterlingen zurück und suchen sie bei jemand anders. Dann kommt es schnell zur Scheidung, und es wird wieder geheiratet – aber die zweite Scheidung lässt oft nicht lange auf sich warten. In einer dritten Ehe beträgt die Scheidungsrate bereits 75 Prozent.

Es ist also wichtig, zu lernen, wie dieser Übergang von der Verliebt-heit zur bewussten Liebesbeziehung am besten zu gestalten ist. Nur weil wir an der Beziehung festhalten, ist noch lange nicht sichergestellt, dass die Liebe erhalten bleibt. Die zweite Beziehungsphase unterschei-det sich deutlich von der ersten. Die Zwanghaftigkeit in unserer Ge-fühlswelt ebbt ab, und wir entdecken wieder Lebensinhalte jenseits der geliebten Person. Die Illusion der Vollkommenheit verflüchtigt sich, und wir erinnern uns wieder daran, wovor Eltern und Freunde uns damals warnten: „Er hat seit fünf Jahren keinen festen Job." – „Sie ist schon fünfmal verheiratet gewesen."

Plötzlich fragen wir uns, wie wir so blind für die Realität sein konn-ten. Unterschiede im Wesen, bei den Interessen und im Lebensstil tre-ten nun deutlich zutage. Die Leidenschaft, die uns dazu brachte, nur noch den Geliebten zu sehen, schwächt sich ab, und wir beginnen wie-der, mehr uns selber wahrzunehmen. Und da fällt es uns wie Schuppen von den Augen: Der andere erfüllt ja gar nicht alle unsere Bedürfnisse! Zuerst bitten wir noch darum, dann fordern wir's ein. Und wenn der andere nicht tut, was wir sagen, ziehen wir uns in den Schmollwinkel zurück und rächen uns. Das aber stößt den anderen erst recht ab, und so fällt es ihm schwerer und schwerer, uns seine Liebe zu zeigen.

Kann eine solche beschädigte Beziehung überhaupt neu werden? Die Antwort lautet: Ja, aber. Das Paar muss über die wahre Natur der Liebe Bescheid wissen und lernen, sie in der Sprache auszudrücken, die der Partner versteht. Gute Vorsätze reichen da nicht aus. Wir müssen ler-nen, das Bedürfnis des anderen nach Liebe zu stillen. Die Menschen sind alle ganz unterschiedlich veranlagt. Was dem einen das Gefühl gibt, geliebt zu werden, beeindruckt den anderen gar nicht. Von Natur aus drücken wir unsere Liebe am ehesten so aus, wie wir selber geliebt werden wollen. Und wenn der Partner dann nicht wohlwollend reagiert, sind wir tief enttäuscht. Das Problem ist nicht mangelnde Ernsthaftig-keit in der Liebe, sondern die Tatsache, dass wir die falsche Liebesspra-che sprechen. Sofern wir unsere persönliche Sprache der Liebe sprechen und nicht die unseres Partners, findet *keine* Kommunikation statt.

Ich werde oft gefragt, warum mein Buch *Die fünf Sprachen der Liebe*, das inzwischen millionenfach verkauft und in 35 Sprachen übersetzt worden ist, ein so überwältigendes Echo gefunden hat. Ich glaube, es ist so erfolgreich, weil es Menschen hilft, diesen Übergang von der zwanghaften ersten Liebe zur bewussten reifen Liebe gut zu gestalten. Es hat Menschen gelehrt, die Liebessprache des Partners zu entdecken und zu erlernen – und somit die Liebe in ihrer Beziehung am Leben zu erhalten. Im Rest des Kapitels möchte ich Ihnen kurz zusammengefasst diese fünf Sprachen der Liebe vorstellen. Ganz egal, in welcher Jahreszeit sich Ihre Ehe gerade befindet, die Kenntnis der Liebessprachen wird in jedem Fall die Kommunikation zwischen Ihnen verbessern, den Liebestank des Partners füllen und die Beziehung auf eine solide Basis stellen. Befinden Sie sich aber gerade im Winter, so ist die Kenntnis der Liebessprachen wahrscheinlich der Schlüssel dafür, das Ruder herumzureißen, um in einen warmen Frühling oder Sommer zu segeln.

Die fünf Sprachen der Liebe

Nach dreißig Jahren Eheseelsorge bin ich zu der Erkenntnis gelangt, dass es fünf Grundsprachen der Liebe gibt – fünf Arten, Liebe zum Ausdruck zu bringen. Jeder Mensch spricht eine solche individuelle Muttersprache der Liebe. Und wenn der andere sich geliebt fühlen soll, müssen wir dessen Liebessprache sprechen lernen.[10]

Lob und Anerkennung

Als wir vor einiger Zeit unsere Tochter und ihren Mann besuchten, kümmerte sich der Schwiegersohn nach dem Essen um das Geschirr und den Abwasch. Nach einer ganzen Weile gesellte er sich wieder zu uns. Unsere Tochter sah auf und sagte: „Danke, Schatz, dass du dich um den ganzen Abwasch gekümmert hast. War 'ne tolle Hilfe." *So soll es sein!*, dachte ich, denn ich weiß, wie wichtig Lob und Anerkennung sind. Ich kann die Paare gar nicht mehr zählen, die in den vergangenen dreißig Jahren in meinem Büro gesessen haben und von denen ich eine Klage immer wieder hörte: „Ich schufte Tag und Nacht und mein Partner tut so, als würde ich Däumchen drehen. Nie kriege ich ein Lob für meinen Einsatz." Wenn die Muttersprache der Liebe Ihres Partners *Lob und Anerkennung* ist, dann ist jedes Lob wie ein Landregen auf ausgetrockneten Boden. Je mehr Sie davon spenden, desto üppiger grünt es in Ihrem Ehegarten.

---

10 Mehr zu diesem Thema in: Gary Chapman, Die fünf Sprachen der Liebe (Verlag der Francke-Buchhandlung GmbH, Marburg).

Liebesdienste und Gefälligkeiten

Taten sprechen eine deutlichere Sprache als Worte. Wer kennt nicht diese Binsenweisheit. Sie gilt bei manchen Menschen ganz besonders, wenn es um die Liebe geht. Wenn *Liebesdienste und Gefälligkeiten* die Liebessprache Ihrer Partnerin ist, wird nichts sie stärker von Ihrer Zuneigung überzeugen als eine Gefälligkeit, eine Handreichung oder eine ersehnte Reparatur im Haus. Claudia kam eines Tages zu mir in die Seelsorge, weil sie nicht glücklich in ihrer Ehe war. Lesen Sie, was sie mir erzählte: „Ich verstehe David nicht. Jeden Tag sagt er mir, wie sehr er mich liebt, aber er tut keinen Handschlag, um mir mal beizustehen. Er sitzt auf der Couch und sieht fern, während ich den Abwasch mache, und es kommt ihm nicht einmal in den Sinn, mir etwas abzunehmen. Ich kann dieses *Ich liebe dich* schon nicht mehr hören. Würde er mich lieben, ginge er mir mehr zur Hand."

Claudias Muttersprache der Liebe sind die Gefälligkeiten. Sie braucht nicht unbedingt viel Lob und Anerkennung, um sich geliebt zu fühlen. Ihr Ehemann David liebte sie auch schon damals, aber er hatte es nicht gelernt, seine Liebe so auszudrücken, dass sie diese Liebe auch spürte. Erst nachdem David mit mir gesprochen und das Buch über die Liebessprachen gelesen hatte, war er im Bilde und begann Claudias persönliche Sprache der Liebe zu sprechen. Schon nach ein paar Wochen begann sich ihr Liebestank zu füllen, und ihre Ehe war fortan nicht mehr im Winter, sondern erlebte einen neuen Frühling. Als ich dann wieder mit Claudia sprach, erzählte sie freudestrahlend: „Es ist herrlich. Ich wünschte, wir wären zehn Jahre früher zu Ihnen in die Seelsorge gekommen. Ich hatte ja keine Ahnung, dass es diese Liebessprachen gibt. Ich wusste nur, dass ich mich nicht geliebt fühlte."

Geschenke

Geschenke sind wohl zu allen Zeiten und in allen Kulturen eine Ausdrucksform der Liebe gewesen. Tief in der menschlichen Psyche ist offenbar ein Instinkt angelegt, der Geschenke und die Liebe verknüpft. Viele wissen allerdings nicht, dass das Beschenktwerden auch eine Muttersprache der Liebe ist. Erst wenn sie beschenkt werden, fühlen sie sich wirklich geliebt. Diese Geschenke müssen gar nicht teuer oder etwas ganz Besonderes sein. Es zählt allein der liebe Gedanke dahinter.

Sogar eine selbst gemachte Grußkarte oder ein Feldblumenstrauß – zum Geburtstag oder ohne besonderen Anlass übergeben – sprechen für diese Menschen von der Liebe des Partners.

Zweisamkeit – die Zeit nur mit dir
Wenn das die persönliche Liebessprache Ihres Partners ist, so wünscht er sich Ihre ungeteilte Aufmerksamkeit. Hauptsächlich auf diese Weise fühlt sich der andere ganz geliebt. Manche Männer prahlen damit, dass sie fernsehen, die Zeitung lesen und gleichzeitig ihren Frauen zuhören können. Das mag zuweilen ganz praktisch sein, aber es ist nicht die Liebessprache der Zweisamkeit. Dafür müssen Sie den Fernseher ausschalten, die Zeitung beiseite legen, dem Partner in die Augen schauen, ihm oder ihr zuhören und darauf reagieren. Zwanzig Minuten ungeteilte Aufmerksamkeit bedeuten für Ihren Partner, zwanzig Minuten Liebe auftanken.

Ihr lieben Männer, versucht doch mal, eure Frauen zu beeindrucken. Das nächste Mal, wenn sie ins Zimmer kommt, während die Sportschau läuft, schalten Sie den Fernseher auf stumm und wenden den Blick nicht von ihr. Will sie mit Ihnen reden, schalten Sie den Fernseher ganz aus und schenken ihr ungeteilte Aufmerksamkeit. Dann haben Sie tausend Punkte und die Gewissheit, dass der Liebestank Ihrer Frau bald überfließen wird.

Zärtlichkeiten
Wir wissen seit langem, dass zärtliche Berührungen wohltuend auf unsere Seele wirken. Deshalb nehmen wir Säuglinge auf den Arm, drücken und streicheln sie. Lange bevor ein Mensch das Wort *Liebe* definieren kann, fühlt er sie durch Zärtlichkeiten. In der Ehe umfasst diese Liebessprache alles von der scheuen Berührung der Hand bis zum Liebesakt. Wenn *Zärtlichkeiten* die Liebessprache Ihres Partners ist, dann vermittelt ihm nichts so sehr Ihre Liebe wie die zur Berührung ausgestreckte Hand.

Die Liebessprache des Partners entdecken

Um das Bedürfnis des anderen nach Liebe zu stillen, müssen Sie also seine persönliche Liebessprache sprechen lernen. Das ist der Schlüssel zu allem. Wie aber findet man heraus, welche Sprache er oder sie spricht? Das ist gar nicht so schwierig. Achten Sie doch einmal darauf, worüber sich der Ehepartner beklagt. Es folgen fünf typische Aussagen und die Liebessprache, die sich jeweils dahinter verbirgt:

„Du hast mir gar nichts mitgebracht? Hast du mich denn nicht vermisst, während du weg warst?" (Geschenke)

„Wir haben überhaupt keine Zeit mehr füreinander. Wir sind wie zwei Schiffe, die sich im Dunkeln begegnen." (Zweisamkeit)

„Du kommst von dir aus nie auf die Idee, mich mal zu streicheln. Immer muss ich die Initiative ergreifen!" (Zärtlichkeiten)

„Ich kann machen, was ich will, es ist dir niemals recht. Immer sagst du nur, was dir nicht passt. Ich kann dich nie zufrieden stellen." (Lob und Anerkennung)

„Wenn du mich lieben würdest, hättest du das längst für mich erledigt. Du aber machst keinen Finger krumm für mich." (Liebesdienste und Gefälligkeiten)

Natürlich sind wir zunächst verärgert, wenn der andere uns solche Dinge an den Kopf wirft. Aber Klagen enthalten auch wertvolle Informationen. Sie sind oft Ausdruck einer tiefen Sehnsucht.

Und wenn nun die persönliche Liebessprache des Partners etwas ist, was Ihnen gar nicht liegt? Was sollen Sie tun, wenn die Frau eine Schmusekatze ist, Zärtlichkeiten Ihnen selber aber nicht so viel bedeuten? Die Antwort ist schlicht, aber nicht einfach auszuführen. Sie müssen es lernen, Ihre Liebe über Zärtlichkeiten auszudrücken. Sie lernen die neue Sprache, indem Sie erst einmal anfangen und Ihr Bestes geben. Am Anfang fällt das oft sehr schwer, aber schon beim zweiten Versuch geht es leichter. Am Ende sprechen Sie die Sprache des anderen vielleicht sogar perfekt. Und wenn der Partner im Gegenzug auch anfängt, Ihre Sprache zu sprechen, dann wird die Liebe lebendig bleiben.

Meine Ordner sind voll von Briefen, in denen Menschen mir schreiben, dass ihre Ehe vollkommen umgekrempelt worden ist, nachdem sie angefangen haben, gegenseitig die Sprache der Liebe zu lernen. Der Fernfahrer Lars zum Beispiel war zwölf Jahre verheiratet. Er schrieb: „Unsere Ehe ist so glücklich wie nie zuvor. Meine Frau hat *Die fünf Sprachen der Liebe* für mich als Hörbuch gekauft. Ich habe es immer gehört, während ich auf dem Bock saß. Damals waren wir noch im Winter unserer Ehe. Nachdem ich aber ihre Liebessprache herausgefunden hatte, begriff ich plötzlich, warum sie sich immer beklagte, dass ich sie nicht liebe. Ich selber wusste doch, dass ich sie liebte. Und ich hatte es ihr dauernd gesagt. Das Problem war nur, dass ihre Liebessprache die Gefälligkeiten sind, und ich hatte, wenn ich mal zu Hause war, immer nur die Hände in den Schoß gelegt. Ich glaube, ich habe es einfach nur wie mein Vater gemacht. Aber meine Eltern hatten auch nie eine glückliche Ehe. Nun sehe ich zu, dass ich ihr viele kleine und große Gefallen tue, wenn ich zu Hause bin. Und unsere Ehe hat sich total verändert dadurch."

Lars' Frau Petra schrieb mir darauf: „Wir hatten ernste Probleme und wir sprachen schon von Trennung. Ich hatte aber eine Freundin, die mir ein Exemplar der *Fünf Sprachen der Liebe* auslieh. Darauf begannen Lars und ich über unsere Beziehung zu reden. Ich erfuhr unter anderem, dass Lars´ Liebessprache *Lob und Anerkennung* ist. Ich hatte ihm ja ständig vorgehalten, mich nicht mehr zu lieben, und gerade damit richtete ich Schaden an, weil nun auch er sich nicht mehr geliebt fühlte. Aber ich wusste das ja nicht. Nun spricht er meine Sprache und ich seine. Eine ausgesprochen winterliche Episode ist vorüber und wir genießen den Frühling."

Was aber, wenn der Partner sich weigert, Gespräche zu führen und Bücher zu lesen? Gerade in Herbst- und Winterehen ist das häufig der Fall. Einer der Partner ist vielleicht besorgt genug über den Zustand der eigenen Ehe und beginnt Bücher zu lesen, Seminare zu besuchen oder Seelsorge in Anspruch zu nehmen, während der andere von all dem nichts wissen will. Da wird es dann besonders wichtig, die Liebe von allen Vorbedingungen zu lösen. Es fällt leicht, den Partner zu lieben, wenn man von ihm zurückgeliebt wird. Und es kostet keine

Überwindung, freundlich zum Mann oder zur Frau zu sein, wenn man ebenfalls mit Freundlichkeiten bedacht wird. Wenn aber der Partner nicht bereit ist, Gutes zurückzuerstatten, erfordert es einen Willensakt bedingungsloser Liebe, den anderen in seiner oder ihrer Liebessprache zu verwöhnen.

Liebe ohne Vorbedingungen ist zwar ein hohes Ziel, aber es ist genau die Art von Liebe, die Gott uns entgegenbringt. In Römer 5,8 heißt es, dass Gott uns schon geliebt hat, „als wir noch Sünder waren". Und die Schrift sagt an anderer Stelle, dass wir Gott lieben, „weil er uns zuerst geliebt hat" (1. Johannes 4,19). Wenn Sie sich also entschließen, Ihren Partner ohne Vorbedingungen zu lieben, dann folgen Sie dem Vorbild Gottes. Und wenn Sie Gott bitten, wird er Ihnen die Fähigkeit dazu schenken.

In Römer 5,5 schreibt der Apostel Paulus: „Die Liebe Gottes ist ausgegossen in unsere Herzen durch den heiligen Geist." Wenn nun auch Sie Ihre Liebe ausgießen, indem Sie die persönliche Liebessprache des Partners sprechen, dann tun Sie etwas sehr Heilsames. Ihr Partner sehnt sich nach Zeichen der Liebe von Ihnen. Und sobald sich sein Liebestank zu füllen beginnt, stehen die Chancen nicht schlecht, dass er Sie am Ende dafür belohnen wird. Ein gefüllter Liebestank schafft eine gedeihliche Atmosphäre, in der Sie und Ihr Partner eine neue Gesprächsebene finden, auf der Sie viel leichter zu neuen Konfliktlösungen kommen. Mir sind viele Männer und Frauen mit kalten Herzen und verhärteter Seele begegnet, die dahinschmolzen, als sie Liebe in der ihnen eigenen Sprache empfingen. Die Liebe ist das mächtigste Werkzeug in dieser Welt, um Gutes zu wirken. Sie bringt Tauwetter in den grimmigsten Winter und lässt die Knospen aufbrechen im Frühling Ihrer Ehe.

Die Kraft des einfühlenden Zuhörens erfahren

Die Fähigkeit, zu sprechen und zuzuhören, ist eine wunderbare Gabe Gottes an die Menschheit. Tiere sitzen nicht am Lagerfeuer und unterhalten sich über frühere Zeiten oder schmieden Zukunftspläne. Aber Menschen können das. Mündliche Kommunikation ist das Fundament unserer Zivilisation. Wir sind mit der Fähigkeit ausgestattet, Gedanken und Vorstellungen von einem denkenden Wesen zum anderen weiterzugeben.

Und so ist auch in der Ehe nichts so fundamental wie reden und zuhören. Dieses eigentlich so schlichte Medium erlaubt es Paaren, ihr Leben als Team zu gestalten. Das offene Gespräch ist das Vehikel, das Mann und Frau immer wieder in sommerliche Gefilde befördert, während das Schweigen in den Winter führt.

Reden und zuhören – das klingt zunächst ganz einfach. Wie kommt es dann aber, dass bei einer Umfrage unter Geschiedenen 87 Prozent angaben, mangelnde Kommunikation sei schuld an der Trennung?

Hätten diese Ehen nicht doch gerettet werden können? Davon gehe ich aus, allerdings hätten die Beteiligten wissen müssen, wie Kommunikation zwischen den Partnern funktioniert. Der Schlüssel liegt in der Fähigkeit, einfühlend und aufmerksam zuzuhören. Man spricht heute von Empathie, und damit ist die Fähigkeit gemeint, sich in die Gedankenwelt des anderen hineinzuversetzen. Man schlüpft in seine Schuhe, tritt in seine Fußtapfen und sieht die Welt aus seiner Perspektive. Ein empathischer Ehemann versucht zu verstehen, was in seiner Frau vorgeht. Er möchte ihre Gedanken, Gefühle, Sehnsüchte, Träume, Hoffnungen und Ängste kennen lernen. Einfühlendes Zuhören macht Mut, sich zu äußern, weil der Eindruck entsteht, man werde gehört und auch verstanden.

Leider sind wir von Natur aus Zuhörer, die immer gleich alles beurteilen und in Schubladen stecken müssen. Wir bewerten aufgrund persönlicher Erfahrungen und aus der eigenen Sicht der Dinge. Meist können wir es kaum abwarten, unser Urteil zu sprechen. Richtendes Zuhören lässt allerdings den Gesprächsfaden ziemlich schnell abreißen, und dann wundern wir uns, warum der andere plötzlich so schweigsam geworden ist. Wenn wir die Kunst des einfühlsamen Zuhörens nicht beherrschen, zerstören wir über kurz oder lang jede Vertrautheit zwischen uns, obgleich wir uns danach so sehr sehnen.

In diesem Kapitel sollen Sie also lernen, die Kommunikation in Ihrer Beziehung zu fördern, indem Sie zunächst einmal erfahren, worauf es beim empathischen Zuhören ankommt. Das mag bedeuten, dass Sie eine neue Gesprächskultur in Ihrer Ehe erlernen und einführen. Es wird einige Mühe kosten und Übung erfordern, aber der Lohn wird riesig sein. Für die meisten von uns bedeutet einfühlsames Zuhören, sich eine ganz neue Grundeinstellung anzueignen. In Zukunft werden wir nicht mehr wie Egozentriker alles mit eigenen Augen sehen, sondern auch den Blickwinkel des anderen einnehmen und damit ein Gespür dafür bekommen, wie er oder sie die Welt sieht und gefühlsmäßig darauf reagiert. Das ist wichtig: Sie werden Ihren Partner niemals wirklich verstehen, wenn Sie lediglich seine Gedanken, Meinungen und Wünsche kennen lernen. Sie müssen auch mit seiner *Gefühlswelt* vertraut werden.

Der Mann sagt: „Ich habe keine Lust mehr, zum Gottesdienst zu kommen." Worauf die Frau entgegnet: „Das ist wieder typisch! Was willst du damit bezwecken?" Es ist zwar ein beginnender Dialog, aber er führt zu keinem vertiefenden Verständnis. Erst wenn die Frau interessiert nachfragt, öffnen sich Türen: „Du musst doch einen konkreten Grund dafür haben. Würde mich echt interessieren, was es ist." Darauf antwortet der Mann: „Es macht mir einfach zu schaffen, Sonntag für Sonntag von der Kanzel herab schlecht gemacht zu werden." Wenn die beiden sich auch weiterhin interessiert zuhören, dann werden sie sich verstehen lernen.

Vielleicht wenden Sie jetzt ein: *Ich würde meinem Mann ja gern mitfühlend zuhören, um ihn zu verstehen, wenn er denn mal den Mund aufmachen würde!* Sollte Ihr Partner tatsächlich so schweigsam sein, dann gibt es ganz gewiss Gründe dafür. Vielleicht ist er als Kind niemals ermuntert worden, sich frei zu äußern. Es könnte sein, dass die Eltern jede seiner Äußerungen bespöttelt oder gar völlig ignoriert haben. Da hat er dann die Einstellung gewonnen: „Warum soll ich denn reden? Es hört mir sowieso keiner zu." Vielleicht hat Ihre Frau immer wieder versucht, eigene Gedanken zu äußern, hat sich aber jedes Mal nicht ernst genommen oder verurteilt gefühlt. So ist sie zu dem Schluss gekommen: „Wer will sich schon dauernd sagen lassen, wie blöd er ist! Da halte ich doch lieber meinen Mund."

Es kann aber auch ganz einfach eine Frage des Temperaments sein. In meiner Seelsorgepraxis sind mir zwei Typen von Menschen begegnet: der plätschernde Bach und das Tote Meer. Beim Toten Meer fließt alles hinein, aber nichts kommt wieder heraus – eben wie beim Toten Meer in Israel, das keinen Abfluss hat, aber ständig Wasser vom Jordan aufnimmt. Solche Persönlichkeiten nehmen den ganzen Tag über alle möglichen Impulse auf, sind aber froh, wenn sie nicht darüber reden müssen. Wenn man sie fragt, was los sei und warum sie nicht reden, antworten sie: „Nichts ist los! Wie kommst du darauf?" Für ein solches „Totes Meer" ist es ganz natürlich, zu schweigen.

Ganz anders beim plätschernden Bach. Wenn diese Menschen etwas erleben, müssen sie augenblicklich darüber reden. Ist zufällig niemand zu Hause, greifen sie eben zum Hörer. „Weißt du, was ich gerade im Fernsehen gehört habe?" Es ist bei ihnen kein Speicher vorhanden.

Für gewöhnlich heiraten sich diese beiden Persönlichkeitstypen. Plätschernde Bäche finden Tote Meere ausgesprochen attraktiv. Sie sind so wunderbare Zuhörer. Tote Meere fühlen sich dagegen beim plätschernden Bach ungemein wohl, weil sie nicht unter Druck geraten, etwas sagen zu müssen. Die frohe Botschaft lautet allerdings, dass das Tote Meer das Reden lernen kann, und der plätschernde Bach kann lernen, seinen Redefluss zu zügeln. Es hängt von unserer Entscheidung ab, ob wir die Kommunikation wirklich wollen.

Die Bereitschaft zum mitfühlenden Zuhören des einen wird den anderen vom Typ *Totes Meer* zum Reden ermuntern, denn es wird endlich einmal wahres Interesse signalisiert. Wer sich verstanden fühlt, wird heil.

Eine weitere Frage, die mir oft gestellt wird, lautet: „Wie kann ich wohlwollend zuhören, wenn mein Partner nur harte Worte und Kritik für mich hat?" Auch hier müssen wir uns wieder nach dem Hintergrund für dieses Verhalten fragen. Wer notorisch den anderen kritisiert, ist meist verbittert, weil er oder sie früher selber schlecht behandelt worden ist. Wir alle sind schwache Menschen, und wir schlagen zurück, wenn man unser Selbstwertgefühl zerstören will. Aber weil sich empathisches Zuhören für Gedanken und Gefühle interessiert, ist es eine wirkungsvolle Methode, es Menschen zu erleichtern, ihre Verletzungen zu verarbeiten. Das ist auch der Grund, warum dies eine Grundfertigkeit eines Seelsorgers sein muss. Damit will ich nicht sagen, dass sie zum Therapeuten für Ihren Partner werden sollen. Aber wenigstens das einfühlsame Zuhören, das sollten Sie lernen. Auf diese Weise tragen Sie zur *Lösung* bei und nicht mehr zum *Problem*. Sie fördern das Selbstwertgefühl des Partners, und wer selbstbewusst sein kann, der schlägt nicht mehr sofort zurück, wenn er sich angegriffen glaubt.

Selbst wenn Ihr Partner Defizite im kommunikativen Verhalten hat, besitzt einfühlsames Zuhören das Potenzial, solche Störungen zu erkennen und aufzulösen. Kritisches Zuhören dagegen verfestigt das Problem. Und so resignieren viele Paare. „Wir können nicht miteinander reden. Da ist eben nichts mehr zu machen." Dann stellt sich der Ehewinter ein, und der endet meistens mit der Scheidung. Ich wiederhole hier meine Überzeugung: So manche Scheidung könnte vermieden werden, wenn wenigstens einer der Partner begriffe, wie wirkungsvoll empathisches Zuhören sein kann.

Die Kunst des empathischen Zuhörens erlernen

Wer diese Kunst erlernen will, muss seine Gespräche mit einer bestimmten Einstellung beginnen. Das wichtigste Anliegen muss es sein, den Gesprächspartner zu verstehen. „Ich will wissen, was im tiefsten Innern meines Mannes vorgeht." – „Ich will Freuden und Sorgen mit meiner Frau teilen." Diese Ebene des gegenseitigen Verstehens müssen Sie erreichen, wenn Sie eine vertraute, glückliche Ehe führen wollen.

Voraussetzung für einfühlendes Zuhören ist das echte Interesse am andern. Das klingt fast banal, ist aber im Endeffekt gar nicht so einfach. Der Psychologe Paul Tournier hat es einmal so ausgedrückt: „Jeder redet in erster Linie, um seine eigenen Gedanken auszudrücken. ... Eher selten wird ein Gedankenaustausch von dem Verlangen getrieben, den anderen zu verstehen."

Von Natur aus sind wir alle Egozentriker. Die ganze Welt scheint sich um mich zu drehen. Wie *ich* denke und fühle, das ist alles, was zählt. Es ist deshalb ein riesiger Schritt hin zur persönlichen Reife, wenn wir beginnen, uns in andere Menschen hineinzuversetzen – also ernsthaft bemüht sind, über ihre Gedanken und Gefühle nachzudenken und nachzufühlen. Der Apostel Petrus fordert speziell die Männer heraus, wenn er ihnen mit auf den Weg gibt: „Desgleichen, ihr Männer, wohnt vernünftig mit ihnen zusammen und gebt dem weiblichen Geschlecht als dem schwächeren seine Ehre" (1. Petrus 3,7). Und nach Sprüche 18,2 ist Egoismus eine Dummheit: „Ein Tor hat nicht Gefallen an Einsicht, sondern will kundtun, was in *seinem* Herzen steckt." Wenn wir also Gott bitten, uns dabei zu helfen, die eigene Grundeinstellung zu verändern und ein echtes Verlangen zu entwickeln, den Partner zu verstehen, dann beweisen wir damit unsere Einsicht.

Ein weiterer wichtiger Aspekt des empathischen Zuhörens ist, sich jeder kritischen Äußerung zu enthalten. Auch hier müssen wir möglicherweise umdenken lernen. Meist bilden wir uns möglichst schnell eine Meinung und sind dabei überzeugt, die einzig richtige Sichtweise zu haben. Wenn wir aber sagen: „So, wie ich es sehe, ist es Realität", vergessen wir, dass der Partner mit seiner abweichenden Sicht der gleichen Überzeugung ist. Weil dabei zwei Egozentriker aufeinander treffen, wird es keine Verständigung geben. Und das ist die Situation in so vielen Ehen.

Wenn ich der Partnerin zwar zuhöre, aber von vornherein beabsichtige, ihr gehörig den Kopf zu waschen, werde ich niemals mitbekommen, was in ihr vorgeht, und die meisten unserer Gespräche werden im Streit enden, ohne dass wir zu einer Lösung gekommen sind. Dann bleiben wir Gegner und werden niemals mehr Kameraden und Freunde sein.

Die Neigung, alles und jeden sofort zu be- oder verurteilen, verhindert in zahllosen Zweierbeziehungen, dass ein echtes Gespräch zustande kommt. Wenn die Frau sagt: „Ich werde wohl im Büro kündigen müssen", und der Mann darauf antwortet: „Du kannst unmöglich kündigen, denn ohne dein Gehalt kommen wir nicht aus. Denk dran, *du* wolltest dieses Haus kaufen!", dann sind entweder Streitgespräche zu erwarten, oder die Frau zieht sich in den Schmollwinkel zurück und schweigt. Wie anders würde alles ausgehen, wenn der Mann nicht gleich voreingenommen reagierte: „Das hört sich so an, als hättest du heute einen schweren Tag gehabt, Schatz. Möchtest du drüber reden?" Er öffnet hier eine Tür, um seine Frau besser zu verstehen. Und wenn sie sich dann wirklich verstanden fühlt, können die beiden gemeinsam zu einer guten Lösung finden. Wer sich mit Urteilen zurückhält, fördert das Gesprächsklima.

Ein drittes Merkmal empathischen Zuhörens ist vielleicht das wichtigste, aber wahrscheinlich auch das schwierigste. *Geben Sie Ihrem Partner das Gefühl, dass Sie auf seiner Seite sind, selbst wenn Sie mit dem, was er sagt, nicht einverstanden sind.* Wie soll das gehen? Geben Sie ihm zu verstehen, dass es gut war, seine Gedanken und Gefühle mitzuteilen und so offen und ehrlich gewesen zu sein.

Mit Ermunterung tun Sie weit mehr, als wenn Sie sich lediglich mit Kritik zurückhalten. Es ist ein großer Schritt nach vorn. Wenn Sie nämlich Ihrem Partner das Gefühl geben, ihn in jedem Fall anzunehmen, wird er oder sie sich frei fühlen, eigene Ideen und Vorstellungen zu äußern.

Zur Ermunterung könnten Sie beispielsweise Folgendes sagen: „Ich finde richtig gut, dass du mir sagst, was in dir vorgeht. Jetzt verstehe ich auch, warum du so gekränkt reagiert hast. An deiner Stelle, wäre es mir nicht anders gegangen. Du sollst wissen, dass ich dich sehr liebe, und es tut mir weh, wenn ich dich leiden sehe. Aber jetzt weiß ich ja wenigstens, wie es in dir aussieht. Auch ich hätte dir einiges dazu zu sagen, aber ich weiß nicht recht, wie ich's in Worte fassen soll. Wenn du es hören möchtest, will ich es wenigstens versuchen. Wichtig ist nur, dass du weißt: Ich bin auf deiner Seite. Ich habe dich lieb, und deswegen möchte ich tun, was in meiner Macht steht, um dir zu helfen."

Wer so freundlich angesprochen wird, muss nicht automatisch den Standpunkt des Partners übernehmen, aber zunächst einmal fühlt er sich verstanden und als Person bestätigt. Und wer sich als Person bestätigt fühlt, ist viel eher bereit, den Standpunkt des anderen wohlwollend zu prüfen. Und das wiederum ist Voraussetzung für eine echte Solidargemeinschaft.

Empathisches Zuhören weckt beim Gegenüber positive Gefühle. Der größte Fehler, den wir als Ehepaar machen können, besteht also darin, vorschnell unsere eigenen Gedanken ins Spiel zu bringen. Wer glaubt, sich um jeden Preis durchsetzen zu müssen, wird unnötig Konflikte heraufbeschwören. Das aber bedeutet, dass sich die Partner hinterher entfremdeter fühlen und dem Winter ein Stückchen näher gerückt sind.

Vier Schlüssel zum empathischen Zuhören

1. *Hören Sie verständnisvoll zu.*

2. *Halten Sie sich mit Widerspruch zurück.*

3. *Geben Sie dem Partner das Gefühl, auf seiner Seite zu stehen, auch wenn Sie mit seinen Gedanken und Meinungen nicht einverstanden sind.*

4. *Tragen Sie Ihre eigenen Gedanken nur vor, wenn Sie wissen, dass der andere sich verstanden fühlt.*

Melanie kam allein zu meinem Eheseminar. Als wir ins Gespräch kamen, beschrieb sie ihre Ehe wie folgt: „Es macht keinen Spaß mehr in unserer Ehe. Wir sind ganz offensichtlich im Winter angelangt. Abends habe ich oft keine Lust mehr, nach Hause zu gehen und mich mit meinem Mann zu beschäftigen. Es muss sich einfach was ändern. Wir *beide* müssen uns ändern, das ist mir inzwischen klar. Es kommt immer häufiger vor, dass ich ihn ganz aus meinem Leben ausschließe. Ich rede einfach nicht mehr mit ihm. Wenn wir doch mal ins Gespräch kommen, streiten wir gleich um alles. Ich höre ihm nicht zu und er mir nicht. Gestern nach der Veranstaltung mit Ihnen habe ich ihn angerufen, und er hat seine Bereitschaft erklärt, dass wir uns ein Ehebuch vornehmen. Ich hoffe, dass man unsere Ehe doch noch retten kann." Ich hatte das Gefühl, dass Melanie ihre Ehe in den Frühling führen könnte, wenn sie die Regeln des empathischen Zuhörens beherrschen würde. Ja, es gibt ein paar ganz konkrete Regeln, die man beachten sollte, um die Kunst des einfühlenden Zuhörens zu beherrschen.

Die Regeln des empathischen Zuhörens erlernen

Es ist keine Geheimwissenschaft, die ich Ihnen vortragen will. Und ich benutze auch nicht die Fachsprache der Psychologie. Doch obgleich alles leicht verständlich bleibt, fällt es oft nicht leicht, es in die Tat umzusetzen. Es kostet etwas Mühe und ein wenig Übung. Ich glaube aber, dass jeder die wenigen Regeln für das empathische Zuhören erlernen kann. Lesen Sie die folgende Aufstellung immer wieder durch, bis Sie sie ganz verinnerlicht haben. Und wenn der Partner mit Ihnen reden will, dann bitten Sie Gott, Sie wieder an alles zu erinnern, was Sie gelernt haben. Beten Sie täglich das Gebet des Franz von Assisi: „O göttlicher Meister, gewähre, dass ich nicht so sehr danach strebe ... verstanden zu werden als selber zu verstehen." Das ist ein Gebet, das Gott gewiss erhören wird. Wenden Sie die folgenden Regeln in der Praxis an (und dazu werden Sie üben müssen!). In jedem Fall wird es die Gesprächskultur in Ihrer Beziehung aufblühen lassen.

1. *Achten Sie auf Ihre Augen.* Schenken Sie dem Partner Ihre ungeteilte Aufmerksamkeit durch Blickkontakt. Schalten Sie den Fernseher aus und legen Sie die Zeitung beiseite. Blickkontakt signalisiert: „Was du zu sagen hast, ist wichtig für mich."

2. *Achten Sie auf Ihren Mund.* Halten Sie ihn mindestens fünf Minuten geschlossen. Wenn Sie Ihre Gedanken voreilig äußern, zeigen Sie an, dass Sie nicht wirklich einfühlend zuhören. Solange Ihr Partner spricht, befinden Sie sich in der Rolle des Zuhörers – auch wenn es länger dauern sollte. Halten Sie sich immer wieder vor Augen, dass Sie ja eigentlich herausfinden wollen, was der Partner auf dem Herzen hat.

3. *Achten Sie auf Ihren Kopf.* Wenn Sie nicken, zeigen Sie dem andern: „Ich höre dir zu, weil mich interessiert, was du sagst. Ich bin bei dir!"

4. *Achten Sie auf Ihre Hände.* Spielen Sie nicht mit dem Bleistift, kritzeln Sie keine Männchen oder drücken auf der Fernbedienung herum. Halten Sie die Hände still und entspannt. Falten Sie sie nicht

hinter dem Kopf und recken sie sie nicht zur Decke. Das alles deutet nämlich darauf hin, dass Sie sich langweilen.

5. *Achten Sie auf Ihren Rücken.* Lehnen Sie sich eher vor als zurück, denn das drückt in der Körpersprache aus: „Ich bin neugierig und gespannt. Du hast also meine volle Aufmerksamkeit."

6. *Achten Sie auf Ihre Füße.* Bleiben Sie an Ort und Stelle. Laufen Sie nicht aus dem Zimmer, während der andere noch redet – es sei denn, im Nebenraum geschieht gerade ein Unglück. Nennen Sie in jedem Fall einen triftigen Grund. Zum Beispiel: „Ich habe die Herdplatte in der Küche angelassen, Schatz, bin sofort zurück."

7. *Achten Sie auf Zwischentöne, die die Stimmung des anderen vermitteln.* Wenn Sie nur auf das eingehen, was der Partner in Worte fasst, wird er sich nicht ganz verstanden fühlen. Auch die Körpersprache des anderen sagt viel über ihn aus.

8. *Während Sie zuhören, versuchen Sie, sich in die Gedanken- und Gefühlswelt des anderen zu versetzen.* Versuchen Sie zu verstehen, aus welchem Blickwinkel der andere die Situation interpretiert. Das fällt oft nicht leicht, weil wir Menschen von Natur aus Egozentriker sind. Doch Sie müssen über Ihren Schatten springen, wenn Sie ein einfühlender Zuhörer werden wollen.

9. *Widerstehen Sie dem Drang, die eigene Sicht der Dinge darzustellen, solange sich der Partner nicht sicher sein kann, auch verstanden worden zu sein.* Halten Sie dem anderen auf keinen Fall vor, nicht ganz durchzublicken und Ihre Absichten zu verkennen, und es sei deshalb völlig fehl am Platz, beleidigt zu sein. Sagen Sie nicht, was Sie denken, bevor Sie nicht die Sicht des anderen kennen. Erst wenn der Partner sich verstanden fühlt, ist er oder sie offen für das, was Sie zu sagen haben.

10. *Geben Sie dem anderen die Sicherheit, dass Sie seinem Gedankengang folgen, indem Sie Zwischenfragen stellen.* „So, wie ich dich verstehe, meinst du also ... Ist das so?" Wenn der andere dann antwortet, nicken Sie zur Bestätigung.

11. *Geben Sie dem anderen die Sicherheit, dass Sie seine emotionale Lage verstehen, indem Sie Zwischenfragen stellen.* „Ich habe den Eindruck, dass du ziemlich enttäuscht bist, weil ... Stimmt das?" Und Ihre Partnerin antwortet vielleicht: „Enttäuscht? Eher verletzt, wütend, frustriert!" Auch hier wird wieder ein bestätigendes Nicken sagen: „Ich höre dir ganz genau zu."

12. *Fassen Sie zusammen, was Sie verstanden haben.* „Wie ich dich verstanden habe, bist du gekränkt und wütend, weil du dich von mir im Stich gelassen gefühlt hast, weil ich ... Sehe ich das richtig?" Sobald der Partner signalisiert, dass er sich in der konkreten Sache verstanden fühlt, sind Sie für den entscheidenden Schritt beim empathischen Zuhören bereit: Der andere soll sich in seiner Person bestätigt und angenommen fühlen.

13. *Lassen Sie den andern spüren, dass Sie ihn mit seinen Gedanken und Gefühlen ernst nehmen.* So könnten Sie zum Beispiel Folgendes sagen: „Je mehr ich von dir höre, desto klarer wird mir, wie verletzt du sein musst. An deiner Stelle ginge es mir nicht anders." (Indem Sie sich solidarisch erklären, sind Sie kein Gegner mehr, sondern ein Freund).

14. *Bitten Sie um Erlaubnis, Ihren Standpunkt erläutern zu dürfen.* Nun, da Sie Ihr Gegenüber haben ausreden lassen und die Argumente gut kennen, sind Sie an der Reihe. Bitten Sie um Erlaubnis, auch Ihren Standpunkt vorzutragen. Dazu könnten Sie etwa Folgendes sagen: „Ich bin froh, dass du mir das alles so offen gesagt hast. Jetzt verstehe ich auch, warum du derart aufgebracht warst. [Hier können Sie jede passende Gefühlslage einfügen.] Ich würde jetzt auch gerne meine Sicht der Dinge erläutern, damit du erfährst, was in mir vorgegangen ist. Bist du einverstanden?" Ist Ihr Partner

offen dafür – und das wird er sein, wenn er sich verstanden fühlt –, dann sind Sie an der Reihe, zu erläutern, was Sie zu diesem oder jenem bewogen hat.

Durch empathisches Zuhören schaffen Sie eine Atmosphäre, in der auch ihr Partner eher bereit ist, Ihnen wohlwollend zuzuhören. Wenn sich zwei Menschen darum bemühen, einander zu verstehen, dann wird es ihnen normalerweise auch gelingen. Und das ist die Basis für jede Problembewältigung. Wenn beide beabsichtigen, Konflikte einvernehmlich zu *bereinigen*, statt sie für sich zu *gewinnen*, werden sie nicht nur praxistaugliche Lösungen finden, sondern auch das Vertrauensverhältnis zum Partner erneuern. Und das ist die beste Voraussetzung dafür, es wieder Frühling werden zu lassen.

Strategie 5

Sich daran freuen lernen, wenn der Partner Erfolg hat

Was ist Erfolg? Fragen Sie zehn Personen, und Sie bekommen zehn verschiedene Antworten. Ein Freund von mir sagte einmal: „Erfolg ist, wenn man das Beste aus dem Wenigen macht, das man mitbekommen hat." Gar nicht so schlecht diese Definition. Jeder hat das Potenzial, auf diese Welt positiv einzuwirken, und sei es noch so gering. Es kommt ganz darauf an, was wir aus dem machen, was uns anvertraut ist. Das Maß für den Erfolg ist nicht unser Guthaben auf dem Bankkonto oder der Besitz, den wir uns geschaffen haben. Gesellschaftliche Stellung und Vermögen können zwar zum Guten eingesetzt, aber eben auch nutzlos vergeudet werden. Wahrhaft erfolgreiche Menschen sind diejenigen, die anderen helfen, ihr Leben erfolgreich zu führen.

Das gilt auch für die Ehe. Erfolgreich ist eine Frau, wenn sie Zeit und Mühe darauf verwendet, es ihrem Mann zu ermöglichen, sein ganzes Potenzial auszuschöpfen – für Gott und seine Mitmenschen. Ein altes Sprichwort sagt: „Du kannst einem Menschen nicht auf dem Weg nach oben helfen, ohne dich selber dem Gipfel zu nähern." Das ist wahr, und auch was einer meiner Freunde einmal gesagt hat, stimmt: „Mit Ausnahme der Eltern, die ihrem Sohn in jungen Jahren den Weg weisen, trägt am meisten die Ehefrau zu seinem Erfolg im Leben bei." Das gilt umgekehrt natürlich auch für die Frauen, deren Erfolg genauso vom Mitwirken des Mannes abhängig ist.

Ich muss allerdings gestehen, dass ich am Anfang unserer Ehe kaum wusste, wie ich meine Frau fördern sollte. Natürlich wollte ich sie glücklich machen, aber wichtiger noch war mir damals, was sie *mir* Gutes tun konnte. Und als sie dann meinen Erwartungen nicht entsprach, versuchte ich es mit Manipulation. Mein Motto war: „Ich würde netter zu dir sein, wenn du netter zu mir wärst." Erst Jahre später entdeckte ich, wie viel Freude es macht, Karolyn zu allen möglichen Erfolgen zu verhelfen. Und in dem Augenblick, als mir diesbezüglich ein Licht aufging, war der Winter in unserer Ehe vorbei und wir genossen den Frühling. Die Wende kam innerhalb weniger Wochen.

Wie aber fängt man an? Für mich begann es mit einem erneuten Studium der Reden und Taten Jesu Christi. Wer würde leugnen, dass Jesus die Person war, die am nachhaltigsten die Menschheitsgeschichte geprägt hat. Und doch hat er nichts für die Menschen getan ohne deren Einwilligung, und es ist ihm nicht um seine eigenen Interessen gegangen. Im Gegenteil! Er war der Erste, wenn es darum ging, Menschen zu dienen. Während seiner gut dreijährigen Zeit des öffentlichen Wirkens heilte er Kranke, gab er den Hungernden zu essen, ermutigte er die Verzagten und machte den Mittellosen Hoffnung. Der Apostel Petrus fasste einmal das Leben Jesu in ganz wenigen Worten zusammen: „Er ist umhergezogen und hat Gutes getan."[11]

Der bedeutendste Dienst, den Jesus den Menschen erwiesen hat, war wahrscheinlich – abgesehen von seinem Tod am Kreuz – die Fußwaschung, die er an seinen Jüngern vollzog. Mit diesem schlichten und dennoch so nachhaltigen Dienst am Nächsten bewies er wahre Autorität durch Liebe und Demut.

Ihr lieben Ehemänner, seid ihr bereit, euch zu demütigen und euren Frauen zu dienen? Und ihr lieben Ehefrauen, seid auch ihr bereit, auf diese Weise euren Männern zu dienen? Jesus wischte alle Zweifel an seinen Absichten fort, als er sagte: „Wenn nun ich, euer Herr und Meister, euch die Füße gewaschen habe, so sollt auch ihr euch untereinander die Füße waschen. Ein Beispiel habe ich euch gegeben, damit ihr tut, wie ich euch getan habe ... Wenn ihr dies wisst – selig seid ihr, wenn ihr's tut."[12] Bei anderer Gelegenheit sprach Jesus zu seinen Jüngern: „Wer unter euch groß sein will, der sei euer Diener."[13] Es klingt nach einem Widerspruch: Der Weg nach oben führt nach unten. Wahrhaft groß ist derjenige, der dient, nicht aber der, der seinen eigenen Vorteil sucht.

Das gilt auch für die Ehe. Es zeigt der Ehemann Größe, der bereit ist, seiner Frau zu dienen. Und die Frau hat Format, die dem Mann die Füße wäscht. Wenn Sie also Ihrer Winterehe neues Leben einhauchen wollen, dann fangen Sie an, dem Partner zu dienen. Ist Ihre Ehe im Frühling oder Sommer angekommen und wollen Sie, dass es so bleibt,

---

11 Apostelgeschichte 10,38.

12 Johannes 13,14-15, 17.

13 Matthäus 20,26

dann fangen Sie an, dem Partner zu dienen: Mähen Sie den Rasen. Kochen Sie ein leckeres Essen. Wischen Sie den Küchenboden. Saugen Sie die Teppiche im ganzen Haus. Hängen Sie die Wäsche auf. Spielen Sie mit den Kindern, während der andere etwas für sich tun kann. Waschen Sie das Auto. Schneiden Sie die Büsche im Garten. Helfen Sie, den Computer wieder auf Trab zu bringen. Räumen Sie die Garage auf. All das können Sie tun, um dem anderen Freude zu machen. Ich brauchte lange Zeit, um herauszufinden, dass tatsächlich Geben seliger ist als Nehmen. Aber als ich dieses wichtige Prinzip endlich begriff, veränderte sich unsere Beziehung von Grund auf.

Für mich bedeutete dieser Schritt hin zu einer dienenden Haltung einen grundlegenden Wandel im Denken und Fühlen. Der Geist des Egoismus in meinem Herzen musste vertrieben werden. Ich erinnere mich noch ganz genau an den Tag, als ich dieses schlichte Gebet sprach: „Herr, schenk mir Christi Gesinnung. Ich möchte meiner Frau dienen, wie Christus seinen Jüngern gedient hat." Wenn ich jetzt auf vier Ehejahrzehnte zurückschaue, bin ich überzeugt, dass sich Gottes Erhörung gerade dieses Gebetes nachhaltiger auf meine Ehe ausgewirkt hat als jedes andere erfüllte Gebet.

Ist erst einmal die Grundeinstellung neu geworden, muss man nur noch lernen, durch welche konkreten Dinge man den anderen so fördert, dass er sein Potenzial voll ausschöpfen kann. Drei schlichte Fragen haben mir dabei weitergeholfen: (1) Was kann ich tun, um dich zu fördern? (2) Wie kann ich dir das Leben erleichtern? (3) Wie kann ich für dich ein besserer Ehemann werden? Die Antworten meiner Frau auf diese Fragen gaben mir einen Anhalt, wie ich vorgehen müsse, um unsere Ehe auf Dauer glücklich zu gestalten.

Drei einfache Fragen, die Ihrem Partner helfen, sein Leben erfolgreich zu gestalten

1. *Was kann ich tun, um dich zu fördern?*

2. *Wie kann ich dir das Leben erleichtern?*

3. *Wie kann ich für dich ein besserer Ehepartner werden?*

Wenn Sie gerade im Winter Ihrer Ehe sind und sich fürchten, diese Fragen zu stellen, weil der Partner darauf sagen könnte: „Zu spät. Ich will nichts mehr davon hören", so will ich Ihnen eine andere Vorgehensweise vorschlagen: Überlegen Sie einmal, welche konkreten Vorwürfe Ihr Mann oder Ihre Frau Ihnen ständig macht. Diese Vorwürfe verraten meistens seine oder ihre verborgenen Wünsche. Früher fanden Sie die Nörgelei wahrscheinlich lästig, aber heute mit Ihrer neuen Einstellung und Bereitschaft zum Dienen gewinnen Sie dadurch wertvolle Einsichten. Erledigen Sie doch einfach das, womit der Partner Ihnen über Jahre in den Ohren gelegen hat, und Sie werden feststellen, dass er Ihnen gegenüber freundlicher wird. Letztlich fällt es ausgesprochen schwer, einem Mitmenschen die kalte Schulter zu zeigen, der einem ständig entgegenkommt.

Viele Paare haben mir über ihre Erfahrungen mit dieser Strategie berichtet. Ich begegnete Philipp in Birmingham. Er war damals 37 und seit zwei Jahren mit seiner zweiten Frau verheiratet. Er erzählte: „Es war Herbst geworden bei uns, aber dann sind wir doch wieder im Frühling angekommen. Ich habe einfach angefangen, auf das zu hören, was sie sich wünscht und erträumt, was ihr wichtig ist. Sie wollte zum Beispiel sehr viel mehr Gespräch und Gedankenaustausch. Das fällt mir eigentlich schwer. Lange Zeit war mir der Sport wichtiger, und ich habe viel mit Freunden rumgehangen. Und wenn wir mal zusammen waren, habe ich kaum mit ihr geredet. Dafür habe ich bei anderen ausgeplaudert, was eigentlich in den eigenen vier Wänden hätte bleiben sollen. Als ich aber anfing, die Zweisamkeit zu suchen und ihr meine Aufmerksamkeit zu schenken und auch noch Dinge tat, die ihr wichtig waren, änderte sich auch ihre Einstellung mir gegenüber."

Deborah war 48 und seit 30 Jahren mit Martin verheiratet. Sie erzählte: „Ich begriff auf einmal, was sich mein Mann am meisten wünschte. Ich hatte die Mutterrolle perfekt ausgefüllt und dabei vergessen, dass mein Mann mich genauso brauchte wie meine Kinder. Inzwischen ist mir aufgegangen, dass ich ja mit ihm den Rest meines Lebens verbringen will und nicht mit den Kindern. Es war so aufregend für mich, das Geheimnis der fünf Sprachen der Liebe zu entdecken, und ich bekam plötzlich ein Auge dafür, was mein Mann sich so sehnlichst wünschte. Ich lerne immer noch, wie wichtig für ihn Lob und Anerkennung sind. Und mein Mann hat gelernt, dass ich diese Zeit der Zweisamkeit brauche und manchmal seine zupackende Hand, wenn etwas zu erledigen ist. Dann weiß ich, dass er mich liebt. Er hat inzwischen gelernt, mit mir ganz tolle Gespräche zu führen. Dadurch bin ich ein viel glücklicherer Mensch geworden, und wir sind vom Winter in den Frühling unserer Ehe gelangt." Deborah und Martin haben entdeckt, wie viel Freude es machen kann, einander zu einem glücklichen Leben zu verhelfen.

Lassen Sie mich noch berichten, welche praktischen Schritte anderen Paaren geholfen haben.

Als sehr wirkungsvoll hat es sich immer wieder erwiesen, den anderen so oft wie möglich zu ermutigen. Wir alle haben Bereiche, in denen wir uns unsicher fühlen und uns der Mut fehlt. Und das hindert uns daran, die Dinge anzupacken, die uns eigentlich viel bedeuten. Das schlummernde Potenzial in Ihrem Partner wartet vielleicht nur darauf, durch Ihre Ermutigung freigesetzt zu werden.

Ein Paar wurde anlässlich seiner Goldenen Hochzeit gefragt: „Worauf führt ihr den Erfolg eurer Ehe zurück?" Und der Mann antwortete: „Sarah war die erste junge Dame, mit der ich mich verabredete, und eines Tages haben wir geheiratet. Mein Schwiegervater nahm mich irgendwann beiseite und gab mir etwas. ‚Das ist alles, was du brauchst', sagte er dazu." Alle Gäste des betagten Paares waren natürlich gespannt, was der Bräutigam damals bekommen hatte. Der Jubilar langte in seine Westentasche und holte eine goldene Uhr hervor. „Das hier habe ich bekommen." Er zeigte sie herum, und jeder konnte erkennen, dass auf dem Zifferblatt, auf das er zwangsläufig immer wieder schauen musste, etwas geschrieben stand. *Sag deiner Sarah etwas Nettes!* „Und das ist das Geheimnis unserer glücklichen Ehe."

Das Leben hält manchmal ausgesprochen schwere Stunden für uns bereit, aber durch aufmunternde Worte verlieren wir den Mut nicht so schnell, und es gelingt uns eher, an unseren Träumen festzuhalten. Wenn ein Mann bei der Beförderung in seiner Firma übersehen wird, mag er sich als Versager fühlen. Wenn dann aber seine Frau sagte: „Für mich gilt noch immer: Kein anderer kann dir das Wasser reichen", dann wird er Kraft bekommen, seine Enttäuschung zu verarbeiten und zu neuen Ufern aufzubrechen.

Ich hielt einen Vortrag in einer Gemeinde und hörte dort zum ersten Mal Julia singen. Nach der Veranstaltung sprach ich ihr meine Anerkennung für den wunderbaren Gesang aus. Sie erwiderte: „Dieses Lob muss ich an meinen Mann weitergeben."

„Wieso das?", fragte ich, neugierig geworden.

„Vor sechs Jahren äußerte ich den Wunsch, Gesangsstunden zu nehmen. Davon hatte ich schon immer geträumt. Wir waren damals vier Jahre verheiratet und hatten noch zwei Vorschulkinder zu versorgen. Als mein Mann dies hörte, sagte er: „Mach das! Ich passe während der Zeit gern auf die Kinder auf. Du hast eine so wunderbare Stimme, da musst du unbedingt das Talent fördern, das Gott dir geschenkt hat."

„Da haben Sie aber einen tollen Ehemann", sagte ich.

„Stimmt, er ist der Beste", erwiderte Julia.

Vielleicht hat auch Ihr Partner Talente, die darauf warten, von Ihnen geweckt zu werden. Vielleicht braucht Ihre Frau nur ein paar ermunternde Worte, um Mut zu fassen, sich zu einem Volkshochschulkurs anzumelden. Es könnte doch sein, dass Ihr Mann lediglich auf ein paar Leute zugehen müsste, die auf seinem Interessengebiet schon aktiv sind, und es fehlen nur noch Ihre ermunternden Worte, um ihm Mut zu machen, den ersten Schritt zu wagen. Die meisten von uns haben mehr Potenzial, als sie je verwirklichen. Was uns hindert, ist oft das letzte Quäntchen Mut. Ein wohlwollender Partner aber kann diesen entscheidenden Impuls geben.

Julias Ehemann hatte ihr aber nicht nur mit Worten Mut gemacht, er unterstützte sie auch ganz praktisch, und das ist eine weitere Möglichkeit, den Partner zu fördern. Nicht nur, dass er bereit war, sich um die Kinder zu kümmern, es machte ihm darüber hinaus nichts aus, Geld aus dem Familienbudget beizusteuern, um ihren Traum zu verwirklichen. Zu den häufigsten Klagen, die Männer und Frauen bei mir in der Eheseelsorge vorbringen, gehört der Satz: „Mein Partner unterstützt mich kein bisschen." Und manchmal wird noch hinzugefügt: „Ich habe das Gefühl, er (sie) will mir sogar schaden statt mir beizustehen."

Zuweilen kann dieser Mangel an Unterstützung aber auch eine Notbremse sein, nämlich dann, wenn der andere ein Träumer ist und gleich jede plötzliche Eingebung in die Tat umsetzen will. Auf diese Weise kann schnell viel Geld in den Sand gesetzt werden. Auch dann klagt der Betreffende wahrscheinlich, der andere unterstütze ihn zu wenig – aus gutem Grund in diesem speziellen Fall.

Man kann aber dennoch den Träumer an seiner Seite unterstützen.

Damit meine ich nicht, dass Sie blind jeder fixen Idee zur Verwirklichung verhelfen, obgleich Sie überzeugt sind, es käme nichts dabei heraus. Aber Sie könnten Folgendes sagen: „Ich wünsche mir nichts sehnlicher als mitzuerleben, dass dir so viel wie möglich im Leben gelingt. Und da finde ich es schon mal toll, dass du so viele Träume hast. Andererseits würde ich es bedauern, wenn du die Sache in den Sand setzt. Also, ich unterstütze dich dabei, aber nur, wenn du vorher zur Bank gehst und dir alles realistisch durchrechnen lässt. Wenn du nämlich noch öfter Sachen anfängst, die nachher in die Hose gehen, verlierst du am Ende ganz deinen Mut, und das will ich nicht. Ich möchte, dass dir was gelingt. Lass uns also vorher so viele Informationen sammeln wie möglich. Dann springen wir gemeinsam oder lassen es einvernehmlich bleiben." Auf diese Weise geben Sie dem anderen das Gefühl, auf seiner Seite zu sein und handeln dennoch verantwortungsbewusst.

Oft hängt viel von unserer gegenseitigen Unterstützung ab, ob wir gewinnen oder verlieren. Äußert Ihre Frau den Wunsch, bei einem Programm zum Abnehmen mitzumachen, dann sollten Sie nicht einwenden: „Das können wir uns nicht leisten. Warum hörst du nicht einfach auf, so viel zu essen?" Solch eine unkooperative Einstellung zerschlägt nicht nur Träume, sondern nach und nach auch Ihre Ehe.

Ich verdanke meiner Frau eine Menge, weil sie sich bereit erklärte, mich zu unterstützen, damit ich noch ein Aufbaustudium absolvieren konnte. Sie kümmerte sich mit großem zeitlichem Aufwand um unsere Tochter, während ich studierte und nebenbei jobbte. Wir lebten damals von der Hand in den Mund. Drei Jahre lang gab es keine neuen Schuhe und auch kein neues Kleid. Aber ihr Opfer hat es mir ermöglicht, mein Studium abzuschließen. Dabei weiß ich, dass jeder Erfolg, den ich später gehabt habe, auch ihr sehr viel Freude bedeutet hat, weil sie sich immer bewusst war, ihren Anteil daran gehabt zu haben. Und inzwischen besitzt sie auch ausreichend Schuhe und Kleider.

Von welchen Wünschen und Träumen hat Ihr Partner im Laufe der Jahre gesprochen? Was könnten Sie zur Unterstützung tun, damit diese Träume auch wahr werden? Warum sagen Sie es ihm oder ihr nicht, dass Sie gerne helfen wollen? Es macht wohl kaum etwas so viel Freude, wie den Partner sein ganzes Potenzial ausschöpfen zu sehen – für Gott und die Welt.

Drei Möglichkeiten, dem Partner zum Erfolg zu verhelfen

1. *Machen Sie Mut mit Worten.*

2. *Unterstützen Sie tatkräftig.*

3. *Unterstützen Sie auf der Gefühlsebene.*

4. *Machen Sie deutlich, dass Sie den anderen achten.*

Ich begegnete neulich einem Mann, dessen Frau als gefragte Referentin arbeitete. Er erzählte: „Ich habe meinen Beruf aufgegeben, um mit ihr reisen zu können. Ich kümmere mich um ihr Material, um die Tonaufzeichnungen und ihr Gepäck. Meine größte Freude ist es, sie das machen zu sehen, was ihr am meisten Befriedigung gibt. Ich denke, indem ich ihr diene, diene ich Gott, der ihr diesen Wunsch erfüllen will." Ich war hier einem Mann begegnet, der entdeckt hatte, wie viel Freude es macht, dem anderen zum Erfolg zu verhelfen.

Eine dritte Möglichkeit, den Partner zu fördern, besteht darin, ihn emotional zu unterstützen. Unsere Emotionen sind Geschenke Gottes. Wie öde wäre das Leben, wenn wir keine Gefühle hätten. Versuchen Sie sich einen Sonnenuntergang, ein Handballspiel oder den Anblick des Meeres ohne Emotionen vorzustellen. Wir verlören unser Menschsein, wenn wir alle Gefühle ausblenden würden. Aber wir sind schließlich nach dem Bild Gottes erschaffen worden, und das bedeutet zwangsläufig, dass wir emotionale Wesen sind.

Im Gegensatz zu den Gedanken, die wir noch halbwegs steuern können, sind Gefühle nur sehr schwer in den Griff zu bekommen. Gefühle drängen sich uns auf, sie kommen von ganz innen und reagieren auf alles, was auf uns einstürmt. Gefühle sind so selbstverständlich wie der Atem, und dennoch behandeln manche Menschen sie wie Feinde. „Meine Gefühle sind so stark, dass sie mich um den Verstand bringen", heißt es dann.

Warum aber machen wir Front gegen unsere Gefühle? Ein Grund ist wahrscheinlich, dass wir bestimmte Erfahrungen gemacht haben: Wir sind unseren Gefühlen gefolgt und in die Falle getappt.

Ein weiterer Grund, warum wir unseren Gefühlen nicht trauen, hat damit zu tun, dass sie so schwankend sind. Sie lassen uns auffliegen und dann wieder abstürzen. Die Höhenflüge dauern meist nicht lange, während uns die dunklen Täler für Ewigkeiten gefangen halten. Daraus schließen wir, dass Gefühle unzuverlässig sind und wir ohne sie auskommen müssen, wenn wir es zu etwas bringen wollen. Und bei uns Christen kommt noch etwas anderes hinzu: Wir neigen dazu, Gefühle als Feinde zu empfinden, weil ihre negative Seite nicht in das Bild des stets freudigen Christen passt. Wut, Furcht, Enttäuschung, Einsamkeit, Frust, Depression und Sorge passen nicht zu einem stets siegreichen Christenleben. Aber haben Sie sich schon einmal bewusst gemacht, dass Jesus als Mensch auch die ganze Palette menschlicher Gefühle gekannt hat? Auch die negativen! Heißt das aber gleich, dass Jesus ein Versager war? Kaum. Gefühle an sich sind nicht gut oder schlecht. Erst unsere Reaktion darauf entscheidet, ob sie zum Guten oder Schlechten wirken. Als Antwort auf seinen Zorn reinigte Jesus den Tempel in Jerusalem und warf die Geldwechsler hinaus. Es war ein gerechter Akt, geboren aus der Wut über die Sünde.

Alle Gefühle sind eine Erfindung Gottes und dazu da, uns als Motivation zu dienen. Jede Gefühlsregung ist gut, wenn sie uns in die richtige Richtung treibt. Gefühle an sich sind also neutral.

Viele Christen neigen dazu, ihre vermeintlich negativen Gefühle zu verdrängen. Sie wollen nicht wahrhaben, dass sie welche haben. Viel produktiver als sie zu verdrängen ist aber, Gefühle so, wie sie sind, wahrzunehmen und konstruktiv darauf zu reagieren. Gefühle sind wie Thermometer. Sie zeigen einfach nur an, ob wir heiß oder kalt sind, ob alles stimmt oder nicht. Ist alles in Ordnung, können wir feiern. Zeigt das Gefühlsthermometer aber an, dass etwas nicht stimmt, können wir etwas dagegen tun.

Wer also seinen Partner auch emotional unterstützen will, muss zunächst einmal für alle Gefühle offen sein. Nichts darf ausgeklammert werden. Freuen wir uns über alle positiven Gefühle und nehmen wir die scheinbar negativen als Indikatoren hin. Um es biblisch auszudrücken, hier ein Zitat aus der Bibel: „Freut euch mit den Fröhlichen und weint mit den Weinenden."[14] Wegen unserer unterschiedlichen Charaktere fällt es dem einen oder anderen schwer, einen emotionalen Gleichklang mit dem Partner zu finden. Ich erinnere mich an eine Frau, die bei mir im Büro erklärte: „Ich verstehe meinen Mann nicht. Unser Kleines ist schon drei Monate krank, meine Mutter kämpft mit ihrem Krebs und sein Arbeitsplatz ist gefährdet. Und dann kommt er nach Hause und freut sich wie ein Schneekönig, weil sein Stundenlohn um ein paar Cent erhöht worden ist."

Aufgrund ihres pessimistischen Wesens fiel es dieser Frau schwer, an der Freude ihres Mannes teilzuhaben, der schon bei einem so unbedeutenden Erfolg ganz aus dem Häuschen geriet. Anstatt sich mit ihm zu freuen, hielt sie ihm vor: „Was bedeuten die paar Cent schon, wenn du in wenigen Wochen arbeitslos bist!" Er gab ihr dafür eine Ohrfeige und redete den ganzen Abend nicht mehr mit ihr. Wie anders hätte alles ausgehen können, hätte sie ihn emotional unterstützt: „Schatz, das ist ja immerhin etwas! Offenbar sind sie mit dir zufrieden. Bin stolz auf dich, egal was in Zukunft passiert." Indem sie Freude über diesen kleinen Erfolg zum Ausdruck gebracht hätte, wäre er motiviert gewesen, sich weiterhin anzustrengen. Emotionale Unterstützung ist immer förderlich.

Ist Ihr Partner gerade negativ gestimmt – enttäuscht, voller Zorn, depressiv oder besorgt –, so unterstützen Sie ihn emotional dadurch, dass Sie ihm erst einmal diese Gefühle nicht ausreden und ihm stattdessen vermitteln, dass sie „trotzdem" hinter ihm stehen. Carla kam vom Arzt zurück und berichtete ihrem Mann: „Der Doktor meinte, dass ich das Baby verlieren könnte. Etwa eine Woche werden wir nicht sicher sein können. Aber es sieht wohl nicht gut aus. Ich bin schrecklich enttäuscht. Hatte ich doch gedacht, dass es diesmal klappen würde. Was ist bloß mit mir los!" Sie war offensichtlich völlig verunsichert und traurig, und sie schien sich auch noch selber die Schuld zu geben.

Will Mike ihr eine emotionale Stütze sein, so könnte er sagen: „Ich kann verstehen, dass du so enttäuscht bist. Mir geht's ja nicht anders. Es ist frustrierend, nachdem wir es so oft versucht haben. Aber wenn du sagst: ‚Was ist bloß mit mir los', hört sich das an, als wenn du dir selber die Schuld gibst. An deiner Stelle würde es mir wahrscheinlich genauso gehen. Aber du sollst wissen, dass ich es ganz und gar nicht so

14 Römer 12,15.

sehe. Du hast getan, was du konntest. Und wenn dem Baby wirklich etwas passiert, müssen wir trotzdem Gott vertrauen, dass alles seine Richtigkeit hat. Du sollst auf jeden Fall wissen, dass ich dich sehr liebe, und ich bin auf deiner Seite bei allem, was passiert. Lass uns zusammen beten."

Das ist emotionale Unterstützung für Carla. Er gesteht ihr zu, traurig und enttäuscht zu sein, und bekräftigt, dass sie diese Gefühle haben darf, indem er sagt: „An deiner Stelle würde es mir wahrscheinlich genauso gehen." Darüber hinaus versichert er ihr, an ihrer Seite zu bleiben, was auch immer geschehen mag. Das ist die emotionale Unterstützung, die oft darüber entscheidet, ob eine Situation gut oder schlecht ausgeht.

Dem anderen Achtung und Respekt entgegenzubringen ist eine weitere Möglichkeit, ihn zu fördern und zu unterstützen. Da wir nach dem Bilde Gottes erschaffen wurden, sind wir äußerst wertvolle Geschöpfe. Und tief in uns ist das Wissen angelegt, dass wir eine Würde von Gott geschenkt bekommen haben. Folglich fühlen wir uns darin gekränkt, wenn andere uns beschimpfen und abkanzeln.

Respekt ist zunächst einmal eine Einstellung: „Ich erkenne an, dass du ein Wesen von hohem Wert bist. Gott hat dich mit vielen Fertigkeiten ausgestattet, mit Einsichtsfähigkeit und geistlichen Gaben. Deshalb respektiere ich dich als Person. Und ich werde dich nicht herabwürdigen, indem ich deinen Verstand in Zweifel ziehe. Vielmehr möchte ich nachvollziehen können, was du denkst und fühlst, auch wenn es zunächst nicht meinen Gedanken und Gefühlen entspricht."

Eine respektvolle Grundeinstellung macht es Ihnen leicht, dem Partner auch in schwierigen Situationen mit Achtung zu begegnen. Respekt bedeutet nicht, dass Sie in allem übereinstimmen, aber Sie geben dem anderen damit die Freiheit, anders zu sein. Respekt bedeutet, dass Sie sagen: „Das ist ja eine interessante Sicht der Dinge!", und nicht: „Das ist das Dümmste, was ich je gehört habe."

Man kann auch respektvoll zu erkennen geben, dass man anderer Meinung ist. So könnte eine Frau zu ihrem Mann sagen: „Schatz, das sehe ich völlig anders, aber du hast bestimmt Gründe für deine Auffassung. Bei Gelegenheit würde ich gerne deine Argumente hören."

Ich lernte Jonathan kennen. Er war ohne seine Frau zu meinem Seminar gekommen, und in einer Pause sprach er mich an: „Wie kann ich meine Frau respektieren, wenn sie kein respektables Leben führt? Zweimal ist sie schon fremdgegangen, und ich weiß nicht, was sie im Augenblick treibt. Ist es da ein Wunder, dass ich jede Achtung vor ihr verloren habe?"

Da stellte Jonathan eine ganz wichtige Frage. Tatsächlich lebt nicht jeder so, dass sein Tun Respekt verdient, dennoch können wir den inneren Wert eines jeden Menschen achten. Zwar gelang es Jonathan nicht, Lisas lockeren Lebenswandel zu respektieren, aber er konnte immer noch *Lisa* achten – nicht für das, was sie tat, sondern für das, was sie immer noch war. Sie war doch immer noch ein Geschöpf Gottes, und dabei müssen wir anerkennen, dass Gott allen seinen Kindern die Freiheit der Entscheidung zugestanden hat. Selbst wenn Menschen keine guten Entscheidungen treffen, schmälert dies nicht den Wert als Mensch.

Als Jonathans Frau gegen ihren Mann sündigte, fügte dies nicht nur ihm Leid zu, sondern auch dem Schöpfer. Und dafür gibt es einen Grund: Beide, Jonathan und Gott, lieben Lisa, und beide wissen, dass Untreue die Ehe zerstört. Doch wenn Jonathan sie nun verachtet und sagt: „Das hätte ich nicht von dir gedacht, du Flittchen", tut er nichts Förderliches, sondern erreicht nur das Gegenteil. Auch sie ist ein Geschöpf Gottes, für das Jesus gestorben ist. In ihr schlummert noch immer das Potenzial, Gutes zu tun, das nur darauf wartet, von jemandem geweckt zu werden.

Wie aber soll Jonathan in dieser dramatischen Situation seiner Frau Respekt erweisen? Er könnte sagen: „Du weißt sicher, dass mich dein Verhalten tief kränkt. Was mich aber vor allem beschäftigt, ist die Tatsache, dass es dir am Ende selber schaden wird. Und du liegst mir noch immer am Herzen. Für mich warst du immer eine liebenswerte Person mit ganz vielen Entfaltungsmöglichkeiten, und ich will dir in Zukunft helfen, dieses Potenzial ganz auszuschöpfen. Ich weiß, dass du für dich selber entscheiden musst. Und ich möchte mich nicht in dein Leben einmischen. Du sollst nur wissen, wie hoch ich dich achte und wie sehr ich dich liebe."

Jonathans Achtung vor Lisas persönlicher Würde kann durchaus bewirken, dass sie nun ihrerseits die eigene Würde wiederentdeckt und sich auf den Rückweg macht – zu ihrem Mann und zu ihrem Schöpfer. Geschieht das, so kann er ihr bereitwillig vergeben. Immerhin hat er es dann mit Gottes Unterstützung geschafft, ihr ein neues Leben zu schenken. Das Eis des Winters wird schmelzen, und ein laues Frühlingslüftchen kündet von einer glücklicheren Zeit.

Ganz gleich, in welcher Ehejahreszeit Sie sich gerade befinden, wenn Sie erst einmal entdecken, wie viel Freude es macht, den Partner zu fördern und zu unterstützen, werden Sie in Zukunft viele Möglichkeiten haben, ihre Ehe zu retten oder lebendig zu erhalten. Den anderen dabei zu beobachten, wie er oder sie aufblüht und sich erfolgreich entwickelt, ist eine der schönsten Seiten der ehelichen Gemeinschaft. Es ist meine Überzeugung, dass die Ehe auf dem göttlichen Prinzip beruht, dass zwei besser sind als einer allein. Ganz zu Anfang der Menschheitsgeschichte hat Gott schon gesagt: „Es ist nicht gut, dass der Mensch allein sei."[15] Gottes Antwort auf Adams Einsamkeit war Evas Erschaffung und die Einsetzung der Ehe. Die beiden sollten in dieser Ehe ein Fleisch werden. Das bedeutet nicht, dass wir damit unsere Identität als Individuum verlieren. Es bedeutet aber durchaus, dass wir freiwillig zum Nutzen des anderen unser Leben verschenken. Wenn das geschieht, profitieren beide gegenseitig. Gemeinsam erreichen wir mehr, als es einem allein je gelingen würde. Das eigentliche Ziel der Ehe ist nicht die Sexualität, nicht das Glück und nicht einmal die Liebe. Das tatsächliche Ziel der Ehe ist es, dass Mann und Frau einander helfen, jenen Lebenszweck zu erfüllen, auf den hin Gott beide individuell erschaffen hat. Einander beizustehen ist also die größte Freude.

---

15 1. Mose 2,18.

Das Beste aus den Unterschieden machen

Im Herbst der Ehe kommt es zu immer mehr Unstimmigkeiten, und die Entfremdung schreitet fort, bis im Winter dicke Eispanzer entstanden sind, die uns trennen. Im Eheherbst schüttelte Gerald noch verständnislos den Kopf, wenn er sah, wie unkonventionell Anne die Spülmaschine einräumte. Aber als dann der Winter bei ihnen eingezogen war, platzte ihm jedes Mal der Kragen, wenn er die Maschine öffnete und ein Geschirr-Chaos vorfand.

Nach Gottes Absicht sollten unsere Unterschiede niemals so trennend wirken. Schließlich ist er selber der Erfinder der Vielfalt. Keine Schneeflocke gleicht der anderen, es gibt keine zwei Menschen, deren Fingerabdrücke gleich sind, und selbst die Blätter an einem Baum sind in Nuancen alle verschieden. Als Gott den Menschen erschuf, legte er in seine genetische Struktur die Möglichkeit zu unendlicher Vielfalt. Und als er dann die Ehe einsetzte als Vereinigung zweier einzigartiger Individuen, wusste er, dass er Einheit aus Vielfalt heraus erschuf. Wir unterscheiden uns ja nicht nur durch das Geschlecht, sondern auf so mannigfache Weise, dass alle Lebensbereiche davon betroffen sind.

Wenn Sie mit Ihrem Partner spazieren gehen, achten Sie einmal darauf, wie unterschiedlich Sie Ihre Füße setzen. Lassen Sie sich irgendwo zum Rasten nieder, so werden Sie auf verschiedene Weise sitzen. Reden Sie miteinander, und Sie werden feststellen, wie unterschiedlich Ihre Gedankengänge sind. Selbst bei den Tätigkeiten des Alltags, wenn Sie den Rasen mähen, Staub saugen oder die Windeln wechseln, werden Sie immer wieder beobachten, dass jeder individuelle Techniken anwendet.

Unsere Charaktere mögen ähnlich sein, und dennoch gibt es auch hier wieder die Unterschiede. Der eine tendiert zum Optimismus, der andere zum Pessimismus. Der eine ist schweigsam, der andere eine Plaudertasche. Einer geht logisch und methodisch vor, der andere intuitiv und kreativ. Der eine liebt die Organisation, und alles in seinem Leben hat seinen Platz. Der andere verbringt sein halbes Leben mit Suchen nach verlegten Gegenständen.

Nach Jahren des Streits über kleine und große Unterschiede, in denen man den anderen zu überzeugen suchte, dass die eigene Lösung die optimale sei, kommen Paare dann oft zu dem Schluss, es gebe zu viele Unvereinbarkeiten in ihrer Beziehung. Diese „unüberwindlichen Abneigungen" und Unvereinbarkeiten sind dann häufig der genannte Scheidungsgrund. Nach dreißig Jahren Seelsorge mit Ehepaaren bin ich allerdings zu der Erkenntnis gelangt, dass es nichts „Unüberwindliches" zwischen Paaren gibt, es sei denn, die Beteiligten sind zur Versöhnung gar nicht bereit.

Aus Gottes Sicht sind unsere Unterschiede da, um uns zu ergänzen, nicht aber, um Konfliktstoff zu bieten. Das findet seinen Niederschlag im Leben der Gemeinde, wie es in 1. Korinther 12 beschrieben wird. Jedes Glied, so unterschiedlich es auch sein mag, wird als wichtiger Teil des Ganzen gesehen. Und wenn jeder seinen Teil dazu beiträgt, fördert jeder den anderen – und gemeinsam dienen sie Gott.

Entsprechend erwartet Gott, dass Mann und Frau ihre individuellen Eigenschaften in die Ehe einbringen, um ein Team zu bilden, das unter Gottes Anleitung seine Pläne verwirklicht. Gott wollte, dass die Unterschiede als Guthaben unserer Ehe verbucht werden und nicht als Belastung des Kontos. Wenn wir also lernen, zum Nutzen der Ehe das Beste aus unseren Unterschieden zu machen, dann richten wir unser Leben an Gottes Zielen aus. Die Bibel nennt das „ein Fleisch werden".[16] Wenn beide Partner die Andersartigkeit und Einmaligkeit des anderen als Geschenk begreifen, werden gerade diese Unterschiede dazu beitragen, dass zwei Menschen zu einer solidarischen Gemeinschaft zusammengeschmiedet werden.

Wie aber setzen wir diese Erkenntnis ganz praktisch im Eheleben in die Tat um? Was können wir konkret tun, um unsere Unterschiede als Guthaben zu nutzen, damit wir in eine wärmere Jahreszeit gelangen?

---

16 1. Mose 2,24.

Sich die Unterschiede bewusst machen

Alles beginnt damit, dass wir uns die Unterschiede vergegenwärtigen. Wenn Sie als Paar das Beste aus Ihren individuellen Eigenschaften machen wollen, müssen Sie auch wissen, worin die Unterschiede liegen. Das herauszufinden ist keine so schwierige Aufgabe, aber es erfordert ein wenig Zeit zum Nachdenken. Die größten Unterschiede werden in dem Bereich liegen, wo sie am häufigsten streiten. Machen Sie also zunächst einmal eine Liste von all den Dingen, die Sie am anderen besonders stören. Sobald Sie damit fertig sind, sollten Sie sich zu jedem Punkt folgende zwei Fragen stellen:

Warum stört es mich eigentlich?

Welche Unterschiede werden durch meine Abneigung deutlich?

In den meisten Fällen regen wir uns nur deshalb über etwas auf, weil der Partner es nicht genau so tut wie wir selber. Sogar nach Jahren kocht es in uns, wenn wir es mit ansehen müssen. Aber lassen Sie uns ein wenig tiefer graben, um die eigentlichen Unterschiede zu erkennen, die hinter allem stehen. Fragen wir uns zum Beispiel, warum es Gerald so stört, wie Anne die Spülmaschine einräumt. Der Grund dafür ist wahrscheinlich, dass es seinem Wesen entspricht, alles geplant und penibel auszuführen, während Anne spontan und ohne große Überlegung handelt – ein Unterschied, den man oft bei verheirateten Paaren findet. Und diese Gegensätzlichkeit wird sich nicht nur beim Einräumen der Spülmaschine bemerkbar machen, sondern in fast allen Lebensbereichen.

Die folgende Aufstellung häufig zu beobachtender Unterschiede zwischen Mann und Frau soll Ihnen helfen, bei der eigenen Entdeckungsreise fündig zu werden:

1. Plaudertaschen heiraten gern die Schweigsamen und Nachdenklichen.

2. Frühaufsteher sind häufig mit Langschläfern verheiratet.

3. Tatkräftige Menschen heiraten Partner, die gern über tatkräftige Menschen lesen.

4. Menschen, die sich an das Motto halten „Ordnung ist das halbe Leben", heiraten gern Partner, die behaupten: „Wer Ordnung hält, ist nur zu faul zum Suchen."

5. Die großen Planer und Strategen heiraten Menschen, die spontane Entscheidungen bevorzugen.

6. Stubenhocker heiraten Vereinsmeier.

7. Verstandesmenschen heiraten bevorzugt Gefühlsmenschen.

8. Bücherwürmer heiraten Fernseh-Junkies.

9. Passionierte Jogger heiraten Wasserratten.

10. Hektiker heiraten Betuliche.

11. Schlagerfans heiraten immer wieder Klassik-Liebhaber.

Ich bin sicher, dass Ihnen noch viele andere Beispiele einfallen, aber mit den aufgeführten können Sie vielleicht schon etwas anfangen.

Nach dem Nutzen der Unterschiede suchen

Verschiedenheit hat auch ihre guten Seiten. Und so müssen unsere Unterschiede keineswegs immer nur Störfaktoren sein. Jan liegt zum Beispiel gern faul auf der Couch, während seine Frau Melanie niemals ihre Hände stillhalten kann. Ganz selten sitzt sie einfach nur so da und entspannt sich. In der Vergangenheit war Jan für sie ein Faulpelz, während sie ihn für ein hektisches Nervenbündel hielt. Sie zankten oft wegen dieses Unterschiedes, doch die meiste Zeit lebten sie schmollend und schweigend nebeneinander her. In meinem Büro sagte Jan: „Warum kann sie nicht mal entspannen und einfach nur Spaß haben? Das

Leben ist so kurz, da müssen wir doch nicht die ganze Zeit schuften." Melanie entgegnete: „Aber es muss doch erledigt werden! Ich glaub's manchmal gar nicht, dass er dasitzt und mich alles machen lässt."

Welche Unterschiede offenbart dieses Streitgespräch? Es sieht so aus, als würde Jan das Leben leichter und entspannter nehmen, während Melanie von Natur aus die Aktivere und Gewissenhaftere ist. Ihr Motto lautet: „Warum die Hände in den Schoß legen, wenn ich in der Zeit etwas schaffen kann?" Jans Motto lautet dagegen: „Gut Ding will Weile haben."

Da wir nun die Unterschiede erkannt haben, können wir uns nach Chancen umsehen, die diese Konstellation bietet.

Was ist die positive Seite von Jans Lebenseinstellung? Da fällt mir ein Sprichwort ein: „Zu viel Arbeit und wenig Spiel macht trübe Gedanken." Jan erinnert uns also daran, dass das Leben auch zur Freude da ist und dass es ein Gleichgewicht zwischen Arbeit und Freizeit geben sollte. Selbst die Bibel unterstützt diesen Gedanken mit Nachdruck. Auch Gott arbeitete nur sechs Tage und ruhte den siebten. Und dann gebot er uns, es genauso zu tun.[17] „Er hat alles schön gemacht *zu seiner Zeit.*"[18]

Was aber bringt Melanie in diese Beziehung ein? Womit schafft sie einen Ausgleich? Sie erinnert mit ihrem Fleiß daran, dass wir alle die Verantwortung tragen, uns mit unserer Hände Arbeit zu erhalten. Wir alle wissen aus Erfahrung: „Das Leben ist kein Zuckerschlecken." Es fordert von uns Disziplin und Einsatz. Auch diesen Gedanken unterstützt die Bibel. So schreibt der Apostel Paulus: „Wer nicht arbeiten will, der soll auch nicht essen."[19] Und die Bibel warnt vor den Gefahren des Müßiggangs.[20] Wenn wir die positiven Seiten unserer Unterschiede herausgefunden haben, sind wir bereits auf dem richtigen Weg. Nun können wir anfangen, ganz praktisch das Beste daraus zu machen.

Was aber tun, wenn diese Unterschiede mit einem unmoralischen Verhalten zusammenhängen? Der Mann nimmt es zum Beispiel mit der Wahrheit nicht so genau, während sie da ganz penibel ist. Und sei-

---

17 3. Mose 23,3.
18 Prediger 3,1-11.
19 2. Thessalonicher 3,10.
20 Sprüche 19,15; 31,27.

ne Flunkereien regen sie fürchterlich auf. Ich bin jedenfalls der Überzeugung, dass wir unmoralischem Verhalten grundsätzlich nichts Positives abgewinnen können. Es verlangt vielmehr Reue und Vergebung, sodass es (zu gegebener Zeit) zur Versöhnung kommen kann. Wir haben dieses Thema bereits in der Strategie 1 besprochen, als es um die Fehler der Vergangenheit ging.

Allerdings haben die meisten Unterschiede, die für uns im täglichen Leben eine störende Rolle spielen, nichts mit Unmoral zu tun. Sie sind nur Ausdruck dafür, wie unterschiedlich wir „gestrickt" sind, und deshalb gibt es immer auch eine positive Seite.

Den Unterschieden etwas abgewinnen lernen

Erinnern wir uns, dass es Gottes ursprünglicher Plan war, die Individualität zur gegenseitigen Ergänzung einzusetzen. Die Unterschiede sollen uns nicht trennen, sondern sogar zusammenbringen. Bitten Sie also Gott, Ihnen zu zeigen, was Sie persönlich aus den Unterschieden in Ihrer Ehe lernen sollen. Melanie muss zum Beispiel lernen, dass das Leben mehr ist als Arbeit. Zum Nutzen ihrer seelischen und körperlichen Gesundheit und um ihre Ehe zu retten, muss sie sich öfter mal zu Jan auf die Couch setzen und mit ihm entspannen. Womöglich erfährt sie erst dadurch, wie wohltuend dieser Wechsel von Spannung und Entspannung eigentlich ist. Das wird ihr Leben bereichern und ihre Ehe. Jan kann andererseits lernen, dass er öfter mal in Haus und Garten aktiv werden muss, wenn er ein Ehemann sein will, der seine Frau mit der gleichen Einstellung liebt wie Christus die Gemeinde. Wenn er die Selbstlosigkeit Christi zum Vorbild hat, wird er seine Frau öfter als bislang fragen: „Wie kann ich dir heute Abend zur Hand gehen?" Dann fällt es auch ihr wahrscheinlich leichter, sich häufiger zu ihm auf die Couch zu kuscheln.

Wir können immer etwas aus unseren Unterschieden lernen! Niemand von uns hat die höchste Stufe christlicher Reife schon erreicht. Und Gottes Plan ist es, dass gerade auch die Ehe unser geistliches, intellektuelles und emotionales Wachstum anregt. Wenn wir nach der Weisheit suchen, die in unseren Unterschieden verborgen ist, werden wir sie auch finden und letztlich davon profitieren.

Aus Tadel wird Lob

Den größten Gewinn ziehen wir aus unseren Unterschieden, wenn wir anstatt zurechtzuweisen öfter mal loben. Solange uns die Unterschiede stören, neigen wir dazu, unserem Partner fortwährend ins Gewissen zu reden. „Es ist nicht zu fassen, wie faul du bist!" – „Warum kannst du dich nicht einmal zu mir setzen und mit mir entspannen! Warum musst du ständig herumwirbeln?" Solche Vorwürfe sorgen dafür, dass sich der Winter in einer Ehe hartnäckig hält und der Eispanzer dicker und dicker wird.

Aber sobald wir unsere Unterschiede bewusst wahrgenommen haben und begreifen, dass sie zunächst einmal weder positiv noch negativ sind, können wir anfangen, Vorwürfe durch ein Lob zu ersetzen. So könnte Melanie sagen: „Ich weiß, ich war immer ziemlich sauer darüber, dass du so viel Zeit vor dem Fernseher gehockt und mir kaum im Haushalt geholfen hast. Aber mir wird allmählich klar, dass Gott uns mit Absicht so unterschiedlich gemacht hat. Ich soll von dir lernen, mich mehr zu entspannen und Spaß am Leben zu haben. Ich muss nicht mehr so versessen darauf sein, alles immer tipptopp zu haben. Deshalb möchte ich sagen, wie dankbar ich bin, dass du so bist, wie du nun einmal bist." Auf eine solche Bemerkung hin bekommt Melanie vielleicht sogar einen dicken Kuss von ihrem Mann.

Und Jan könnte erwidern: „Ich weiß, dass ich dich immer dafür kritisiert habe, dass du ständig arbeitest und für Spaß am Leben keine Zeit hast. Aber so langsam wird mir klar, dass Gott uns mit Absicht so unterschiedlich gemacht hat. Inzwischen schätzte ich, dass du dich so einsetzt, damit alles immer seinen guten Gang geht. Ich weiß, dass du es gern hättest, wenn ich dir etwas öfters zur Hand gehen würde. Und das habe ich mir auch fest vorgenommen."

Partner in einer Ehe wünschen sich immer, die Wertschätzung des anderen zu spüren. Wer ist schon glücklich, wenn er ständig kritisiert wird! Gegenseitige Anerkennung schafft eine Atmosphäre zum positiven Wandel. Inzwischen haben Sie sicher auch erkannt, wie die verschiedenen Strategien, die wir besprochen haben, zusammenwirken, um Ihre Ehe aus Herbst und Winter in die wärmeren Jahreszeiten zu führen. Wie immer Ihre Ausgangslage beschaffen sein mag, es gibt stets den ersten Schritt in die richtige Richtung – und den möchte ich Ihnen zeigen.

Sich konkrete Schritte überlegen, um das Beste aus Ihren Unterschieden zu machen

Sie haben nun erkannt, wie wichtig es ist, über Ihre Unterschiede zu reden, und Sie haben sich ganz allgemein vorgenommen, etwas daraus zu machen. Nun sollten Sie sich auch konkrete Schritte überlegen. Melanie, die begriffen hat, dass Arbeit und Freizeit bei ihr in einem ausgewogeneren Verhältnis zueinander stehen sollten, könnte ihrem Mann anbieten, jeden Abend eine halbe Stunde mit ihm auf der Couch zu verbringen – zum Plaudern oder Fernsehen, einfach um sich von der Tageshetze auszuruhen. Jan könnte zu Melanie sagen: „Ich weiß ja, dass ich dir eigentlich im Haus helfen müsste. Früher habe ich dir aber übel genommen, dass du nicht eine Minute stillsitzen konntest und deshalb überhaupt keine Zeit für *mich* hattest. Eigentlich will ich dir ja unter die Arme greifen, aber ich will nicht den ganzen Abend arbeiten. Vielleicht könnten wir irgendetwas festlegen, was ich erledigen könnte, um dir zu helfen, damit wir dann beide Zeit finden, um auszuspannen."
Mit dieser Einstellung werden Jan und Melanie lernen, das Beste aus ihren Unterschieden zu machen. Dadurch werden sie nicht nur ein schlagkräftiges Team, sondern jeder Einzelne von ihnen wird sich so entfalten können, dass Gottes Plan in seinem Leben in Erfüllung geht.

Kehren wir noch einmal zu Gerald zurück, der die Spülmaschine so akkurat wie ein Ingenieur einräumte, während Anne eher Frisbee mit den Tellern zu spielen schien. Er ist eine ausgesprochen organisierte Persönlichkeit, während sie die Spontanere ist. Wie könnten die beiden das Beste aus ihren Unterschieden machen? Sie könnten sich zum Beispiel darauf einigen, dass normalerweise Gerald das Einräumen der Spülmaschine übernimmt, weil seine Methode sauberere Teller und seltener gesprungene Gläser verspricht. Nur an den Abenden, an denen er noch geschäftlich unterwegs ist, würde Anne ausnahmsweise nach ihrer Methode vorgehen dürfen. Er weiß dann zwar, dass er am nächsten Morgen wieder Löffel mit angeklebter Erdnussbutter und ein zerbrochenes Weinglas vorfindet, aber ihm ist inzwischen klar geworden, dass das nicht der Weltuntergang ist. Die Löffel kann man im Messbecher weichen lassen, den sie vergessen hat hineinzustellen, und das zerbrochene Glas ist auch ersetzbar. Dafür ist er mit einer Frau verheiratet, die mit ihrer Spontaneität ihr gemeinsames Leben bereichert. Ist das nicht ein kleiner Preis für so einen Schatz? Die Stärken fördern und die Schwächen abmildern – wenn wir das konsequent verfolgen, werden wir bald wieder im Frühling unserer Ehe landen.

Fünf Schritte, um das Beste aus unseren Unterschieden zu machen

1. *Machen Sie sich klar, worin die Unterschiede bestehen.*

2. *Suchen Sie nach Möglichkeiten, Gewinn aus den Unterschieden zu ziehen.*

3. *Lernen Sie aus Ihren Unterschieden.*

4. *Ersetzen Sie Tadel durch Lob.*

5. *Tun Sie konkrete Schritte, um das Beste aus Ihren Unterschieden zu machen.*

Was aber können Sie tun, wenn der Partner gar nicht zur Zusammenarbeit bereit ist, wenn er an seinen Gewohnheiten festhalten will und sich weigert, auch nur über Ihre Unterschiede zu reden? Dann ist noch lange nicht alles verloren. Sie haben immer noch die Möglichkeit, Einfluss zu nehmen. Im nächsten Kapitel möchte ich Ihnen zeigen, wie man auf nette Weise auf den anderen einwirkt. Auch wenn der Partner sich zunächst nicht kooperativ zeigt, können Sie mit etwas Geduld die Wende in Ihrer Ehe herbeiführen.

Strategie 7

Auf die Kraft der positiven Einflussnahme bauen

Sollte sich Ihre Ehe gerade im Winter oder Herbst befinden, werden Sie dieses Buch vermutlich allein lesen, aber Sie wünschen sich so sehr, dass der Partner oder die Partnerin es ebenfalls zur Hand nähme. Wenn er oder sie doch auch alles dafür täte, dass es Ihrer Ehe wieder besser geht! Aber aufgrund früherer Erfahrungen und der gegenwärtigen Situation haben Sie wenig Hoffnung.

Tom, der seit 14 Jahren verheiratet ist, drückte seinen Frust in einem Brief wie folgt aus: „Ich fühle mich wie in der Falle. Was ich auch sage, immer gibt es Streit. Aber an Aufgeben mag ich gar nicht denken – bei allem, was ich in diese Beziehung investiert habe. Meine Frau ist seit einem Jahr wieder berufstätig, und das hilft uns ein wenig über die Runden. Aber sie hat eine gehobene Position, dort, wo sie arbeitet, und da denkt sie, auch zu Hause über alles bestimmen zu können. Dauernd redet sie mir rein. Sie erkennen es sicher an meiner Handschrift, wie aufgewühlt und verbittert ich bin. Ich bin ihr ständiges Gezeter so satt. Das macht einfach bitter, weil wir auch nichts ausdiskutieren können. Ich wünsche mir wieder eine glückliche Ehe, aber ich bin mir nicht sicher, ob es die für uns noch mal gibt. Ich mache mir große Sorgen. Deshalb war ich bei Ihrer Veranstaltung, sie wollte nicht mit."

Auch Sonya hatte kaum noch Hoffnung. Sie war bereits zum dritten Mal verheiratet – diesmal erst seit dreieinhalb Jahren. „Im Augenblick befindet sich unsere Ehe im Herbst. Und das macht mir Angst. Dieser ständige Ärger zerstört unsere Ehe. Und dass wir uns ausgerechnet wegen der Kinder streiten, macht mich besonders traurig. Oft bin ich fix und fertig, und dann habe ich das Gefühl, es nicht zu schaffen. Was soll nur aus unserer Beziehung werden? Ich habe meinem Mann vorgeschlagen, eine Therapie zu machen, aber das hat er rundweg abgelehnt. Jetzt weiß ich nicht mehr weiter."

Die Strategie 7 ist für Menschen wie Sonya und Tom, die gern etwas in ihrer Ehe verändern möchten, aber auf wenig Gegenliebe stoßen. Obgleich diese Männer und Frauen inständig hoffen, dass sich die Dinge zum Besseren wenden, glauben viele, bereits das Äußerste getan zu haben, um all jene Hindernisse aus dem Weg zu räumen, die ihre Ehe gefährden. Die meisten sind also mit dem Erreichten unzufrieden. Sie sind zum Seelsorger gegangen, und das hat nichts genützt. Sie haben Ehebücher gelesen, aber eben allein, und so wünschen sie sich, der Partner würde erfahren, was der Autor geschrieben hat. Manche haben es mit Freundlichkeit versucht, um ins Gespräch zu kommen, aber haben nur Schweigen geerntet. Andere waren so verzweifelt, dass es Geschrei und Tränen gab. Das Leid war irgendwann so groß, dass sie die Beherrschung verloren. Aber die lauten Töne haben nur Gegenangriffe oder völligen Rückzug provoziert. Und so ist mancher von ihnen resigniert zu dem Schluss gekommen, dass der andere sich niemals ändern werde. Da schien es nur noch eine Alternative zu geben – das Leid auf sich zu nehmen und es zu ertragen oder aus der Ehe zu fliehen und auf einen besseren Partner zu hoffen. Wenn sie sich dann für einen dieser wenig überzeugenden Wege entschieden haben, sind sie Gefangene ihrer eigenen Entscheidung geworden. Zahllose Menschen fristen ihr Leben in solch einem selbst errichteten Gefängnis, weil sie es versäumten, auf die Kraft der positiven Einflussnahme zu setzen.

Es stimmt zwar, dass Sie Ihren Partner nicht mit Gewalt umkrempeln können, aber es ist dennoch eine Tatsache, dass Sie ihn tagtäglich auf mannigfache Weise beeinflussen. Da wir eigenständige Wesen sind und einen freien Willen haben, kann niemand uns zwingen, anders zu denken und zu handeln. Da wir aber andererseits Beziehungswesen sind, wird jeder auf uns einwirken, mit dem wir Kontakt bekommen. Alles, was wir sehen und hören, verändert uns im Innern. Die Werbewirtschaft verdient Millionen aufgrund dieser Tatsache. Sie *zwingt* uns nicht, Produkte zu kaufen, und dennoch beeinflusst sie uns. Wenn das nicht so wäre, würden diese Leute ihre Arbeit einstellen.

Die Kraft dieser positiven Einflussnahme hat große Bedeutung für die Jahreszeiten unserer Ehe. Zunächst einmal müssen wir uns aber darüber klar werden, dass wir die Persönlichkeit und das Verhalten unseres Partners nicht unmittelbar durch Zwang verändern können. Die Gedanken sind frei. Wir können etwas anregen, sind aber dann noch lange nicht sicher, ob wir eine positive Reaktion erwarten können.

Sollten wir irrtümlicherweise annehmen, unseren Partner unmittelbar in eine Richtung zwingen zu können, wird das, was wir dafür unternehmen, reine Manipulation sein. Manipulation heißt: Wenn ich dies tue, wird der andere jenes tun müssen. Wenn ich ihm dieses zukommen lasse, wird er gar nicht anders können, als auf meine Bitte einzugehen. Oder wenn ich dafür sorge, dass sie sich ganz elend fühlt, wird sie alles tun, um mir den Gefallen zu tun. Doch jeder Manipulationsversuch wird aus einem ganz schlichten Grund scheitern: Unser Partner hat, obgleich wir auf ihn Druck ausüben, immer noch die Freiheit zu entscheiden, wie er darauf reagiert. Und sobald er spitzkriegt, dass er nur manipuliert wird, ernten wir Rebellion. Niemand möchte fremdbestimmt werden.

Aber auch wenn Sie letztlich keine Möglichkeit haben, das Verhalten des Partners unmittelbar zu bestimmen, so können Sie dennoch Einfluss nehmen – durch Worte und Taten. Jedes Mal, wenn Sie Ihrem Partner begegnen, nehmen Sie auf subtile Weise Einfluss. Wenn der andere an Sie herantritt, seinen Arm um Sie legt, Ihnen einen Kuss gibt und sagt: „Ich liebe dich. Hab dich heute vermisst", so hat er Sie gewiss positiv beeinflusst. Kommt der Partner jedoch nach Hause und übersieht Sie, setzt sich vor den Computer, plündert den Kühlschrank oder wirft Ihnen vor, wieder so schlampig rumzulaufen, so übt er einen negativen Einfluss auf Sie aus. Alles, was Sie tun oder unterlassen, wirkt auf den anderen ein – zum Guten oder zum Schlechten. Was Sie tun oder sagen, kann unendliches Leid verursachen (wie der schneidende Wind im Winter) oder wie ein Balsam heilen (so angenehm wie ein lauer Sommerwind).

Im Laufe der Jahre habe ich diese Strategie an vielen Ehepaaren ausprobiert, die in Schwierigkeiten steckten. Wenn einer bereit ist, eine positive Grundeinstellung einzunehmen und sich dadurch das eigene Verhalten verändert, setzt oft auch beim Partner ein völlig unerwarteter Wandel ein. So erzählte mir eine Frau: „Ich kann gar nicht glauben, wie sehr sich mein Mann verändert hat. Ich hätte mir nicht träumen lassen, dass er so liebevoll und zärtlich sein kann – und das schon nach drei Monaten! Da hat sich mehr verändert, als ich je für möglich gehalten hätte." Die Kraft der positiven Einflussnahme besitzt ein großes Potenzial, um selbst Ehen zu retten, die tief in der Krise stecken.

Entschlossen zum Handeln

Wenn ich morgens nur aufstünde, wenn mir danach wäre, hätte ich gewiss schon wunde Stellen am Hinterteil. Eigentlich quäle ich mich jeden Morgen aus dem Bett, indem ich mich gegen mein Gefühl entscheide, weil ich irgendetwas Positives an diesem Tag bewirken will. Und bevor ich mich abends wieder zu Bett lege, bin ich froh, doch aufgestanden zu sein. Meine positive Entscheidung führt zu positivem Tun und schenkt mir positive Gefühle. Ich bin mit mir zufrieden, weil ich klug in meinen Tag investiert habe.

POSITIVE ENTSCHEIDUNGEN führen zu
POSITIVEN HANDLUNGEN, die POSITIVE
GEFÜHLE MACHEN

Dieses Prinzip funktioniert auch in der Ehe. Wenn ich mich *entschließe*, einen positiven Einfluss auf meine Frau auszuüben – unabhängig davon, wie ich mich *fühle* –, dann werde ich mich positiv verhalten und das wiederum macht gute Gefühle – mir *und* meiner Frau. Wenn Sie die Kraft der positiven Einflussnahme bewusst einsetzen, werden Sie selber etwas davon haben, und auch der Partner profitiert davon.

Wie sehen die ersten Schritte aus? Vielleicht können Sie ja jene Frau sehr gut verstehen, die zu mir sagte: „Unsere Ehe ist schon so lange kaputt, dass ich gar nicht weiß, wo ich anfangen soll." Der erste Schritt besteht immer darin, sich klar zu machen, dass Sie sich willentlich zu etwas entscheiden können. Sie müssen sich nicht länger von den eigenen Gefühlen und denen Ihres Partners gängeln lassen! Sie müssen auf die uralten Provokationen nicht immer oder immer wieder auf dieselbe Weise reagieren! Sie können sich entscheiden, dem auf ganz andere Weise zu begegnen. Selbst wenn diese uralten Verstrickungen das größte Hindernis sind, müssen Sie nicht stecken bleiben. Nur weil Ihr Bett so gemütlich ist, müssen Sie noch lange nicht darin liegen bleiben. Sie können sich entschließen, endlich aufzustehen und in Ihre Ehe zu investieren.

Sie mögen sich verletzt fühlen, enttäuscht oder voller Zorn sein, dennoch müssen alle diese Gefühle nicht Ihr Verhalten bestimmen. Gefühle sollten wahrgenommen und verarbeitet werden, aber sie sollen nicht der *bestimmende* Faktor unseres Lebens sein. Wir können uns von ihnen entweder zu schlimmen Handlungen und hässlichen Worten hinreißen lassen, oder wir sagen uns: „Klar bin ich wütend, verletzt und enttäuscht, aber ich will meinen Partner doch positiv beeinflussen und mich nicht mehr von meinen Gefühlen beherrschen lassen." Ein positiver Wandel beginnt mit positiven Entscheidungen.

Wenn Sie sich erst einmal für die Kraft der positiven Einflussnahme entschieden haben, sind Sie vorbereitet, die anderen sechs bereits vorgestellten Strategien anzuwenden. Nach dreißig Jahren Erfahrung in der Eheseelsorge habe ich keinen besseren Ansatz gefunden.

Gehen wir einmal vom schlimmsten Fall aus: Ihr Partner weigert sich, dieses Buch zu lesen, Seelsorge in Anspruch zu nehmen, überhaupt mit Ihnen über Ihre Ehe zu reden. Er will offenbar nicht glauben, dass Ihre Ehe verbesserungswürdig ist. Jedes Bemühen Ihrerseits ist ihm lästig. In diesem Fall werden Sie von winterlichen Gefühlen geplagt werden. Ich rate Ihnen nicht, diese Gefühle zu verdrängen. Nein, Sie müssen sogar zu ihnen stehen und sie sich bewusst machen, aber sich eben nicht von ihnen bestimmen lassen.

Gehen wir noch einmal gemeinsam die sechs Strategien durch und betrachten sie aus der Perspektive eines Menschen in Ihrer Lage. Im Augenblick ist Ihr Partner nicht bereit, Ihnen auf dieser Reise zu folgen. Allerdings wird er Ihnen nicht verbieten können, sich in Bewegung zu setzen. Unterwegs werden Sie auf den folgenden Seiten Menschen kennen lernen, die diese Strategien ausprobiert und schließlich die Früchte geerntet haben.

Strategie 1: Sich mit der Vergangenheit auseinander setzen

Anna war acht Jahre verheiratet, als ihre Ehe urplötzlich in den Winter geriet. „Ich denke, wir waren davor schon einige Zeit im Herbst", erzählte sie. „Nur dass ich es nicht bemerkt habe, bis ich eines Tages zufällig mithörte, wie mein Mann zu jemand anders am Telefon sagte: ‚Ich vermisse dich auch.' Ich wusste, dass es kein geschäftliches Telefonat war, und so ahnte ich, dass er mit einer Frau telefonierte. Erst wollte ich es nicht glauben, deshalb sagte ich auch nichts. Aber als dann die Telefonrechnung kam, überprüfte ich die angerufenen

Nummern und fand eine, die oft angerufen worden war und die ich nicht kannte.

Dann klingelte eines Abends das Telefon. Ich nahm ab und eine Frau fragte am anderen Ende, ob sie Robert sprechen könne. Ich sagte ihr, dass mein Mann nicht zu Hause sei, und fragte, ob er sie zurückrufen könne. Das bejahte sie, und sie gab mir sofort die Nummer. Anhand der Telefonrechnung erkannte ich, dass es jene bewusste Nummer war. Als ich Robert zur Rede stellte, gab er zu, dass dies Gespräche mit einer Frau aus dem Büro seien, aber gleichzeitig versicherte er mir, dass es sich nicht um eine Bettgeschichte handle. Es sei alles nur ‚freundschaftlicher‘ Natur. Mir war aber klar, dass mehr dahinter steckte. Ich fühlte mich so verletzt. Ich konnte einfach nicht glauben, dass er mich betrog. So zog ich mich zurück und schwieg. Vierzehn Tage sprach ich kein Wort mehr mit ihm. Dann teilte ich ihm mit, dass ich aus dieser Ehe aussteigen wolle, weil ich nicht mit einem Mann zusammenleben könne, dem nicht zu trauen sei. Er erwiderte: ‚Du machst aus einer Mücke einen Elefanten. Ich bin dir nicht untreu geworden. Ich habe dir doch erzählt, dass es eine reine Freundschaft ist‘, worauf ich erwiderte: ‚Man ruft nicht jemanden 16-mal in der Woche an und kann dann noch von platonischer Freundschaft reden. Und ich weiß ja nicht, wie oft du sie noch auf dem Handy angerufen hast.‘ Ich war jedenfalls außer mir.

Am nächsten Tag suchte ich eine Seelsorgerin auf. Ich wollte Robert nicht verlassen, ohne mit jemandem gesprochen zu haben. Ich wusste, dass ich wütend war und vorschnell etwas tun könnte, was ich später möglicherweise bereuen würde. Ein Vierteljahr lang suchte ich die Seelsorgerin zweimal in der Woche auf. In den ersten Sitzungen gestattete sie, dass ich meiner aufgestauten Wut freien Lauf ließ. Ich sollte in meiner Ehe nichts mehr beschönigen können. Und dann wies sie mich darauf hin, dass dieser Zustand nicht über Nacht eingetreten sei. Langsam dämmerte es mir, dass auch ich meinen Beitrag dazu geleistet hatte. Ich hatte mich nämlich so intensiv um unsere beiden Vorschulkinder gekümmert, dass mir gar nicht aufgefallen war, wie sehr ich Robert vernachlässigte. Oft hatte ich ihm Vorhaltungen gemacht, weil er mir nicht so half, wie ich es mir vorstellte. Ich stellte mir nun die Frage, ob ich als Mann zu einer solch zänkischen Frau nach Hause kommen möchte. Die Antwort machte mir ganz schön zu schaffen. Mir war nun klar, dass auch ich Robert Unrecht getan hatte. Das entschuldigte zwar nicht sein Verhalten, aber mir wurde klar, dass ich zunächst einmal bei mir selber aufräumen musste.

Erst zierte ich mich noch. Ich sagte mir: ‚Warum sollte ich meine Schuld bekennen, wenn *er* es doch ist, der sich mit einer anderen eingelassen hat?‘ Auch die Seelsorgerin entschuldigte Roberts Verhalten keineswegs, und dennoch bekräftigte sie, dass ich mich erst mit meinen eigenen Fehlern auseinander setzen müsse, wenn ich meine Ehe retten wolle. So schwer ist mir kaum etwas in meinem Leben gefallen. Ich bat Gott, mir zu zeigen, wo ich Robert in den vergangenen acht Jahren Unrecht getan hatte. Und Gott erhörte mein Gebet. Ich schrieb alles auf, was mir gerade so einfiel, und dann weinte ich bitterlich. Ich bat Gott, mir zu vergeben und mir nun die Kraft zu schenken, meine Fehler auch Robert gegenüber zu gestehen. Die Seelsorgerin half mir noch, ein Bekenntnis schriftlich zu fixieren.

Eines Abends sagte ich zu Robert: ‚Ich weiß, dass ich in den vergangenen Wochen ziemlich wütend auf dich war. Ich bin kalt und abweisend gewesen, weil ich mich so verletzt gefühlt habe. Aber du weißt ja, dass ich zu einer Seelsorgerin gehe, und da ist mir klar geworden, dass du nicht der Einzige in unserer Ehe bist, der sich falsch verhalten hat. Neulich, abends habe ich Gott gebeten, mir zu zeigen, wo ich Fehler gemacht habe. Und wenn du zuhören möchtest, will ich dir gern erzählen, was er mir gezeigt hat. Ich habe ihn gebeten, mir zu vergeben, und jetzt möchte ich auch dich bitten, mir zu verzeihen.‘

Als ich nun meine Liste von Fehlern vorgelesen hatte, erwiderte Robert: ‚Jetzt versuchst du noch, die Schuld für meine Fehler zu übernehmen. Für das, was ich getan habe, gibt es keine Entschuldigung.‘

Darauf sagte ich: ‚Robert, ich finde es ja nett, was du da sagst. Aber es bleibt trotzdem wahr, was ich gesagt habe. Ich bin eigentlich nicht die Frau, die du verdienst. Aber mit Gottes Hilfe und dein Einverständnis vorausgesetzt, wird es in Zukunft anders werden.‘

Wir redeten noch eine ganze Weile, und schließlich sagte Robert: ‚Ich bin bereit, dir zu vergeben, wenn du mir vergibst. Und ich will in Zukunft an deiner Seelsorge teilnehmen, weil ich begriffen habe, dass wir gemeinsam an unserer Ehe arbeiten müssen.‘ Das war der Abend, an dem sich alles für uns geändert hat. Seit einem halben Jahr sind wir jetzt gemeinsam in der Seelsorge, und wir haben große Fortschritte gemacht. Unser Leben hat sich vollkommen verändert. Wir lernen es, gegenseitig auf unsere Bedürfnisse einzugehen, und ich bin so hoffnungsvoll. Ich würde sogar die Behauptung wagen, dass wir uns dem Frühling nähern. Die Krokusse werden bald ihre Köpfe aus dem Boden strecken. Und es ist genau, wie Sie vorausgesagt haben: Ich konnte Robert nicht auf direktem Weg ändern, aber indem ich mich um meine eigenen Fehler kümmerte, blieb Robert nicht unbeeindruckt, und so habe ich indirekt Einfluss auf *seine* Entscheidung genommen. Er hat sie freiwillig getroffen. Ich bin meiner Seelsorgerin so dankbar, die mir geholfen hat, meine Gefühle richtig zu verarbeiten, und die mich in die richtige Richtung gelenkt hat."

Ich will nicht behaupten, dass Partner in jedem Fall so prompt auf die Kraft der positiven Einflussnahme reagieren. Dennoch bin ich fest davon überzeugt, dass die Beschäftigung mit den eigenen Fehlern der erste Schritt ist, um etwas beim anderen zu bewirken. Es kann natürlich passieren, dass Sie allen Mut zusammennehmen und dem Partner Ihre Gefühle bekennen, und der andere reagiert mit Spott und Ablehnung. So erzählte mir ein Mann: „Ich habe ausprobiert, was Sie gesagt haben, und meine Frau sagte darauf: ‚Wenn du glaubst, eine lausige Entschuldigung könnte mich umstimmen, dann hast du dich geschnitten. Du hast mich viel zu tief verletzt. Ein *Tut mir Leid* reicht da nicht aus.'" Sie können zwar die Antwort des anderen nicht bestimmen, aber Ihr freimütiges Bekenntnis hat Wirkung, auch wenn sie nicht sofort zu erkennen ist.

In Ihrer Macht steht es zumindest, sich Ihrer eigenen Fehler bewusst zu werden, den Rest müssen Sie ohnehin Gott überlassen. Egal wie der Partner auf Ihr Bekenntnis reagiert, Sie werden etwas bewirken, denn Sie haben sich an Jesu Anweisung gehalten, zuerst den Balken aus Ihrem eigenen Auge zu ziehen.[21]

Strategie 2: Sich den Sieg zum Ziel setzen

Wenn Sie gerade mitten im Winter der Ehe sind, dann kann Ihre positive Einstellung den Unterschied machen. Viktor Frankl, ein jüdischer Arzt, der von den Nazis im Zweiten Weltkrieg gefangen genommen worden war, entdeckte im Konzentrationslager, welche Kraft eine positive Einstellung entfalten kann:

21 Matthäus 7,5.

Wir Insassen der Konzentrationslager erinnern uns noch an jene Männer und Frauen, die durch die Baracken gingen, andere trösteten und ihr letztes Stück Brot weggaben. Es mögen zahlenmäßig nicht viele gewesen sein, und dennoch haben die Wenigen beeindruckend vorgelebt, dass man dem Menschen alles nehmen kann – bis auf die allerletzte Freiheit, die er besitzt, nämlich selbst unter widrigsten Umständen seine Einstellung frei zu wählen.[22]

Diese Männer und Frauen, die sich entschlossen, ihr letztes Stück Brot zu verschenken, ließen sich nicht von ihren Gefühlen leiten, sondern von ihrer Einstellung. Und das Gute, was sie taten, schlug sich nieder im Denken und Fühlen ihrer Mitgefangenen.

Der eine oder andere wird womöglich bestreiten, dass es richtig sei, eine positive Einstellung zu haben, wenn man sich verletzt und gedemütigt fühlt. Das sei, so meinen manche, reine Heuchelei. Ich glaube aber, dass das ein falscher Denkansatz ist, der sich vor allem in der westlichen Welt verbreitet hat. Besonders einer kriselnden Ehe tut er nicht gut. Auch in anderen Lebensbereichen handeln wir so manches Mal gegen unsere momentanen Gefühle. Vielleicht haben wir gar keine Lust, die Einladung eines Freundes zum Essen anzunehmen, aber wir entscheiden uns zu einem Lächeln und denken positiv. Und dann wird es doch noch sehr nett. Unsere Einstellung hat den Ausgang bestimmt.

Es wird nicht vergebens sein, sich auch dann den Sieg zum Ziel zu setzen, wenn der Partner kein Interesse zeigt, die Beziehung zu verbessern. Uwe war seit 15 Jahren verheiratet, als ich ihm zum ersten Mal begegnete. Damals bekannte er mir, die meiste Zeit mit seiner Frau Karin im Ehewinter verbracht zu haben. „Jahrelang habe ich Karin vorgeworfen, schuld an unserer zerrütteten Ehe zu sein. Sie wollte auf jeden Fall Hausfrau und Mutter sein, und ich war einverstanden. Ich arbeitete hart, um die Familie zu ernähren. Das Problem war nur, dass ich immer den Eindruck hatte, sie vernachlässige ihre Pflichten und Aufgaben. Zu Hause sah es immer aus wie in einer Räuberhöhle, und ich konnte froh sein, wenn sie einmal in der Woche ein Essen kochte. An Sex hatte sie gar kein Interesse, und ich muss zugeben, irgendwann

22 Viktor E. Frankl, Der Mensch vor der Frage nach dem Sinn, Piper Verlag GmbH, München.

verging auch mir die Lust. Wir zogen zwar die Kinder groß, aber unsere Ehe war nur noch öde und leer.

Eines Tages, als ich wieder recht verzweifelt war, las ich die Bibel und stieß auf die Stelle Philipper 4,8: ‚Was wahrhaftig ist, was ehrbar, was gerecht, was rein, was liebenswert, was einen guten Ruf hat, sei es eine Tugend, sei es ein Lob – darauf seid bedacht!' Das war, als würde Gott zu mir sagen: ‚Du hast eine ganz schlechte Meinung über deine Ehe, und es ändert gar nichts. Warum fängst du nicht an, auf das Liebenswerte zu blicken? Halte Ausschau nach den guten Seiten deiner Frau und ermutige sie darin.'

Ich bat Gott, mir dabei zu helfen, alle positiven Seiten von Karin aufzuschreiben. Und ich war erstaunt, wie lang diese Liste am Ende war. Dann bat ich ihn, mir die Fähigkeit zu geben, mindestens einmal am Tag ein Kompliment zu machen und mich mit Kritik zurückzuhalten. Es ist unglaublich, was sich in den darauf folgenden Monaten bei uns tat. Als ich aufhörte, sie zu kritisieren und sie stattdessen für anderes lobte, änderte sich das Verhalten meiner Frau. Sie lächelte auf einmal! Und bald war sie wieder so charmant, wie damals, als ich sie kennen gelernt hatte. Ein unvergesslicher Augenblick war es, als sie zum ersten Mal wieder von sich aus nach Sex verlangte. Ich war völlig aus dem Häuschen.

Ein paar Monate später hatten wir ein Eheseminar in unserer Gemeinde, und ich fragte sie, ob sie mitkommen wolle. Sie war tatsächlich einverstanden, und das war ein weiterer gewaltiger Schritt vorwärts. Wir hatten den Winter überwunden, und der Frühling erwartete uns. Es war im Grunde eine ganz neue Beziehung, die da entstanden war. Wir redeten viel über uns und arbeiteten alles auf, was uns in der Vergangenheit so belastet hatte. Der Fortschritt ist gewaltig, und ich freue mich schon riesig darauf, was die Zukunft für uns bereithält. Ich wünsche jedem eine Ehe, wie wir sie führen."

Die Reise der beiden vom Winter in den Frühling begann mit Uwes Entschluss, sich den Sieg zum Ziel zu setzen und sich ganz auf Karins gute Seiten zu konzentrieren. Die Jahreszeiten der Liebe ändern sich oft, wenn einer sich entschließt, trotz negativer Gefühle das Positive zu erwarten.

Strategie 3: Die Sprache der Liebe des Partners erlernen

Ruth erschien bei mir im Büro, ohne einen Termin zu haben. Ich hatte gerade etwas Zeit, und so war es mir recht, dass wir sprachen. Sie kam ohne Umschweife zur Sache. „Ich habe um zwei einen Termin beim Rechtsanwalt", sagte sie. „Ich werde mich von meinem Mann trennen. Eine Misere von zwanzig Jahren Dauer ist lange genug. Und ich weiß eigentlich gar nicht recht, warum ich jetzt hier bei Ihnen im Büro sitze. Wahrscheinlich können auch Sie da nichts mehr machen. Aber irgendwie hatte ich das Gefühl, ich sollte noch mit einem Seelsorger sprechen, bevor ich zum Rechtsanwalt gehe."

Eine Stunde lang hörte ich Ruth zu, die mir ihr Herz ausschüttete. Um Vernachlässigung ging es in ihrer Geschichte. Ihr Mann war Automechaniker, der seine Werkstatt hinter dem Haus hatte. Er war ein fleißiger Mann, der allerdings keine Ahnung davon hatte, wie man mit einer Frau eine Beziehung pflegt. Sie berichtete: „Er verlangt, dass das Essen pünktlich auf dem Tisch steht, seine Wäsche muss gewaschen und gebügelt sein, und Sex erwartet er, wenn ihm gerade danach ist. Sonst hat er keine Minute Zeit für mich. Und wenn ich mal nicht ganz pünktlich mit dem Essen fertig bin, kanzelt er mich ab. Bis spät in den Abend bleibt er in der Werkstatt, außer mittwochs, dann geht er mit seinen Kumpels auf Kneipentour. Glücklicherweise wird er nicht ausfallend, wenn er betrunken ist. Er schläft dann unten auf der Couch. Trotzdem kann es mit unserer Beziehung so nicht weitergehen."

Mir tat diese Frau Leid. Und ich erklärte ihr, welche Macht Liebe ohne Vorbedingungen hat. Ich führte sie in die fünf Sprachen der Liebe ein und erzählte ihr vom Liebestank, den jeder besitzt. Als ich meinte, der Liebestank ihres Mannes sei gewiss schon sein ganzes Leben lang leer – bis auf die Zeit, als sie beide „verliebt" gewesen waren, entgegnete sie: „Es ist interessant, dass Sie das gerade sagen. Er war damals tatsächlich sehr lieb und zuvorkommend. Ich dachte, einen guten Mann zu heiraten, aber gleich nach der Hochzeit war alles vorbei." Ich erklärte ihr: „Als Ihr Mann nach der ersten Liebe auf den Boden der Realität zurückkehrte, bekam er wohl auch wieder seinen leeren Liebestank zu spüren. Er kehrte sozusagen in seinen Normalzustand zurück, und das bedeutete für ihn, keine Liebe zu spüren."

Ich schlug Ruth ein Experiment vor und erkundigte mich nach der vermuteten Liebessprache ihres Mannes. Die sollte sie dann mindestens einmal in der Woche ausführlich sprechen, um zu sehen, was geschehen würde. Sie war nicht gerade begeistert, schlug aber dennoch ein. Sie rief den Rechtsanwalt an, um die Scheidung zu verschieben. Lesen Sie, wie sie mit eigenen Worten schildert, was in den folgenden drei Monaten geschah: „Unglaublich! Wenn jemand mir vorausgesagt hätte, mein Mann würde meine persönliche Liebessprache sprechen und ich wieder Liebe für ihn empfinden, ich hätte ihn für verrückt erklärt. Aber Tatsache ist, dass ich wieder Liebe für meinen Mann empfinde, und er spricht meine Liebessprache. Hätte ich doch nur schon vor zwanzig Jahren die Macht der Liebe erkannt. Ich kann gar nicht glauben, dass ich so lange gezögert habe, bis ich um Hilfe bat."

Nicht alle Ehepartner werden so prompt reagieren wie Ruths Mann, doch die meisten Verheirateten sehnen sich offen oder insgeheim nach Liebe. Wenn sie sie dann ohne Vorbedingungen geschenkt bekommen, stellt sich in den meisten Fällen spontan wieder Zuneigung ein, und die Liebe wird entgegnet. Auf diese Weise kommt manche Ehe aus dem tiefsten Winter heraus. Die Entscheidung, zu lieben, statt zu verletzen, ist wahrscheinlich die wichtigste, die diese Menschen je getroffen haben oder je treffen werden.

Strategie 4: Die Kraft des einfühlenden Zuhörens kennen lernen

Ich führte ein Eheseminar in einer Gemeinde durch, als Marc auf mich zukam. Es war in der Abendveranstaltung um das empathische Zuhören gegangen. Marc war zurückgeblieben und schüttete mir nun sein Herz aus: „Meine Frau Karmen hat an allem, was ich tue, etwas auszusetzen. Nicht ein Mal kommt es vor, dass sie mir den Rücken stärkt. Ich schufte den ganzen Tag, und dann ist es derart frustrierend, wenn sie an allem herummäkelt. Es passt ihr nicht, wie ich mit den Kindern umgehe und dass ich ein so gutes Verhältnis zu meiner Mutter habe. In Wahrheit sehe ich meine Mutter nur noch ziemlich selten, weil ich Karmens gehässige Kommentare nicht mehr ertragen will. Sie wirft mir vor, nicht mehr auf sie zu hören, und damit hat sie gar nicht mal so Unrecht. Wie kann ich ein offenes Ohr für sie haben, wenn alles, was ich höre, Kritik ist?"

Ich erklärte mich einverstanden, mich mit Marc erneut zu treffen und eine Strategie zu erarbeiten, die seine Ehe retten würde. Seine Frau werde bestimmt nicht mitkommen, meinte er. Schon öfter habe er so etwas vorgeschlagen, aber sie sei nie dazu bereit gewesen. In den kommenden Wochen erklärte ich Marc, dass hyperkritische Menschen im tiefsten Innern hochgradig verbittert sind und mit einem völlig leeren Liebestank leben. Ich versuchte ihm zu vermitteln, dass der erste Schritt zur Heilung einfühlendes Zuhören sei. Es werde nicht einfach sein, meinte ich, aber wenn er positiv Einfluss auf seine Frau gewinnen wolle, sei das wahrscheinlich der beste Anfang. Ziel sei es für ihn zunächst, die Welt aus der Perspektive seiner Frau zu sehen, um sich eine Vorstellung davon zu machen, was in ihr vorging. Wir sprachen darüber, wie wichtig es sei, zuzuhören, ohne gleich zu richten und ohne seiner Frau das Gefühl zu geben, sie habe mit ihrer Meinung nicht Recht, auch wenn er selber anderer Meinung sei. Es dauerte eine Weile, bis ich ihn überzeugt hatte, aber ich spürte durchaus, dass er zu begreifen begann, worauf es ankam.

Was in den folgenden Monaten geschah, war mehr, als wir beide erwartet hatten. Nachdem Marc angefangen hatte, sich wieder für seine Ehe zu engagieren und das einfühlsame Zuhören als wichtigste Strategie benutzte, verlor seine Frau ganz allmählich ihre Kritiksucht. Zwei Monate hatte er gewartet, und es war nicht viel geschehen. Vielleicht brachte sie ihre Einwände jetzt etwas gemäßigter vor. „Aber sie merkte wohl doch, dass ich ihr inzwischen wirklich interessiert zuhörte", sagte Marc. „Sie musste also nicht mehr so keifen. Aber eine wichtige Erfahrung für mich war, dass ich sie besser verstehen lernte. Ich hatte ja keine Ahnung, wie verletzt sie im Innern war. Ich erkannte, dass ich nicht unbedingt an all ihrem Leid schuld war, aber ich hatte vieles noch verschlimmert, weil ich nicht wusste, wie es in ihr aussah."

Nach einem halben Jahr erklärte sich Karmen bereit, eine eigene Therapie zu beginnen, um die Verletzungen der Vergangenheit aufzuarbeiten. Und danach gingen sie noch gemeinsam zur Eheseelsorge. Inzwischen ist ihre Ehe wieder glücklich – und sie selber leiten Eheseminare in ihrer Gemeinde. Unterschätzen Sie also niemals die Kraft des empathischen Zuhörens.

Strategie 5: Sich daran freuen lernen, wenn der Partner Erfolg hat

Barbara saß in meinem Büro und beklagte sich über ihren Mann Richard. „Er will als Grundstücksmakler arbeiten, und seit einem halben Jahr büffelt er für die Abschlussprüfung. Ich glaube aber, dass er gar kein Händchen fürs Verkaufen und Makeln hat. Und jetzt beklagt er sich, dass ich ihn nicht unterstütze. Dabei will ich doch nur, dass er es realistisch sieht."

„Hat er Erfahrungen mit dem Verkauf von Häusern?", fragte ich.

„Nein", antwortete sie. „Aber er hat schon versucht, Autos an den Mann zu bringen. Und das hat nicht besonders funktioniert. Er glaubt, eine Nische gefunden zu haben. Aber er arbeitet jetzt schon sechs Wochen für einen Makler und hat noch nicht ein einziges Haus verkauft. Mein Gehalt reicht nicht für das, was wir zum Leben brauchen. Wer weiß, wann er mal mit einem Honorar nach Hause kommt."

Ich bemerkte, dass Barbara tief enttäuscht war. Alles Reden schien nichts genutzt zu haben. Er hatte sich nicht von seinen Berufsplänen abbringen lassen. Es dauerte drei oder vier Sitzungen, bevor Barbara sich mit dem Gedanken anfreunden konnte, das gerade weil Richard so viel in seinen Traumberuf investiert hatte, er doch noch imstande sein würde, in der Maklerbranche Fuß zu fassen.

Irgendwann begriff Barbara, dass Erfolg oder Niederlage womöglich von ihrer Rückendeckung abhing. „Wie sehr müssten Sie Ihr Konto überziehen, wenn Richard in diesem Monat kein Geld mit nach Hause brächte?", fragte ich. Sie wusste es nicht, brachte mir aber beim nächsten Mal die Zahlen mit. Da schlug ich vor, diesen Betrag einmalig als Darlehen aufzunehmen, um damit die laufenden Kosten zu bestreiten, während sie beide gleichzeitig alles daransetzen würden, aus Richard einen erfolgreichen Makler zu machen. „Wenn es klappt", überlegte ich, „können Sie das Darlehen ganz schnell tilgen. Klappt es erst einmal nicht so gut, ist der Betrag immer noch überschaubar für Sie beide, wenn er irgendeine andere Arbeit annimmt. Auf jeden Fall wissen Sie dann, ob Richard in der ‚Makler-Nische' gut aufgehoben ist."

Mein gutes Zureden half, sodass nun auch Barbara daran glaubte, etwas zu Richards Erfolg beitragen zu können. Sie überwand ihren Pessimismus, denn sie wusste, dass er ihre Unterstützung für ein Projekt, in das er schon so viel investiert hatte, verdiente. Ich warnte sie allerdings davor, sich nun als Besserwisserin zu betätigen und ihm vorzuschreiben, wie er erfolgreich zu sein habe. Ihre Rolle sei es vielmehr, ihm zur Seite zu stehen, Interesse zu zeigen und jeden noch so kleinen Sieg zu feiern. Würde ihm aber doch mal ein Verkauf durch die Lappen gehen, so sei es ihre Aufgabe, zu trösten: „Ich an deiner Stelle wäre auch enttäuscht. Aber das gehört zum Verkaufen dazu. Wir warten einfach auf den nächsten Kunden und hoffen das Beste. Du willst Erfolg haben, und ich glaube daran, dass du es schaffst."

Zum Jahresende war das Darlehen getilgt und die beiden hatten bereits ein Sparkonto angelegt. Im zweiten Jahr lief es dann noch besser, und inzwischen ist Richard trotz mancher Niederlage der beste Makler seiner Firma. Er weiß aber ganz genau, dass er es ohne die Rückendeckung seiner Frau möglicherweise nie geschafft hätte. Und für Barbara ist es eine große Genugtuung, dass sie ihrem Mann dabei geholfen hat, etwas zu erkämpfen, was er sich so sehr gewünscht hat.

In Verkaufsseminaren lernte Richard ganz nebenbei Kommunikationstechniken, die auch seiner Ehe gut taten. Er erfuhr, wie wichtig es ist, Mitmenschen zu loben und ihnen damit Selbstvertrauen zu geben. Nun genießen sie gemeinsam den Duft der Rosen im Sommer.

Natürlich hätte Richard als Makler auch versagen können. Aber dadurch, dass Barbara hinter ihm stand, hätte er es früher oder später eingesehen und mit Würde seine Niederlage eingeräumt. Den Partner zu fördern heißt auch manchmal, Niederlagen gemeinsam durchzustehen. Entscheidend ist, dass Sie Hand in Hand durchs Leben gehen. Erinnern Sie sich? Auch im Frühling und Sommer fasst man manchmal in giftigen Efeu oder wird von wilden Wespen gejagt. Aber ein Ehepaar, das an einem Strang zieht, ist besser vorbereitet auf eventuelle Schwierigkeiten und Probleme.

Welche Wünsche hat Ihr Partner immer wieder geäußert? Was können Sie tun, um sie zu erfüllen? Den anderen zu fördern ist eine wichtige Strategie, um Ihre Ehe zu verbessern.

Strategie 6: Das Beste aus den Unterschieden machen

Ben war ein Frühaufsteher. Und bevor er seine Frau kennen lernte, träumte er davon, jeden Tag mit ihr gemütlich zu frühstücken, Pläne für den Tag zu machen und noch vor der Arbeit gemeinsam zu beten.

Doch nach der Hochzeit bemerkte er sehr schnell, dass Jenny ein ausgesprochener Morgenmuffel war. Während er mit einem Satz aus dem Bett war, kroch sie, wenn es unbedingt sein musste, unter der Decke hervor wie ein müder Bär, der gerade vom Winterschlaf erwacht war. In den ersten Jahren ihrer Ehe nahm Ben ihr das sogar richtig übel. Er klagte allerdings nicht, sondern behielt es für sich. Nur hin und wieder konnte er sich die Bemerkung nicht verkneifen, dass sie eigentlich ein ganz schöner Faulpelz sei. Sie solle doch früher ins Bett gehen und morgens eine Tasse Kaffee mehr trinken.

Es gab aber noch anderes, was Ben störte. Er war ein begeisterter Wanderer, Jenny aber hasste Spaziergänge. Als sie sich kennen lernten, war sie noch einige Touren mitgegangen, aber es erschloss sich ihr so gar nicht, warum jemand durch Feld und Wald strich und dabei auch noch Gefahr lief, von Zecken und Mücken gebissen zu werden. Sie war in der Stadt groß geworden und hatte immer gedacht, der Wald sei den Tieren vorbehalten. Sie ging dafür leidenschaftlich gern ins Sinfoniekonzert, während er Rockkonzerte bevorzugte.

Nach wenigen Jahren kam Ben zu der Überzeugung, einen schlimmen Fehler gemacht zu haben, als er Jenny geheiratet hatte. „Die Unterschiede waren einfach zu groß. Ich hatte keine Vorstellung, wie wir je wieder zusammenkommen sollten", erzählte er. „Dann las ich eines Tages ein Ehebuch. Ich war gerade wieder richtig verzweifelt und dachte, irgendetwas müsse mir doch weiterhelfen. Im Kapitel über *Unterschiede und wie sie sich gegenseitig ergänzen* schrieb der Verfasser, dass alle Paare mit solchen Gegensätzen zu tun haben. Die einen lernen aber, sich als Team zu ergänzen, während die anderen im Streit auseinander gehen."

Er wusste, dass Jenny dieses Buch nicht lesen würde, aber er selber kannte nun eine Strategie, um seine Ehe zu retten. „Ich schrieb einmal alles auf, was mich an Jenny störte, und ich stellte mir selber die Frage: ‚Was kann man aus unseren Unterschieden Positives machen?' Es war umwerfend, wie viele Dinge mir einfielen. Ich begriff auf einmal, dass Jennys langes Schlafen eigentlich die beste Voraussetzung dafür war, dass ich vor der Hektik des Alltags eine ungestörte Stille Zeit haben konnte, und mir wurde schlagartig klar, was für ein Segen das war. Ich danke jetzt Gott dafür, dass er uns so unterschiedlich gemacht hat. Immer wenn Jenny doch einmal mit auf Wanderschaft kam, hatte ich kaum ein Auge für die Schönheit der Landschaft, denn ich musste auf sie aufpassen. Das verdarb mir die Freude, denn Wandern, das bedeutet für mich eigentlich, abzuschalten und ganz in der Natur aufzugehen. Hier wollte ich einmal nicht gefordert sein. Und so genieße ich es geradezu, allein zu wandern, und ich danke Gott für eine Frau, die mir das ermöglicht. Ich begriff nach und nach, dass alle unsere Unterschiede auch eine positive Seite hatten, die ich bislang noch gar nicht bemerkt hatte.

Nachdem ich angefangen hatte, Gott für diese Unterschiede zu danken, bemerkte ich plötzlich, dass ich Jenny wieder als Person achten lernte, und irgendwann sagte ich ihr, wie sehr ich sie schätze. Aus Tadel wurde Lob, und im Laufe der Zeit – es kam nicht über Nacht – wandelte sich auch Jennys Einstellung mir gegenüber. Als ich ihr zugestand, der Mensch zu sein, den Gott genau so gewollt hatte, fing auch sie an, mir Mut zu machen, so zu bleiben, wie ich war. Ich mag gar nicht daran denken, was geschehen wäre, wenn ich nicht begriffen hätte, dass die Unterschiede da sind, damit wir uns sinnvoll ergänzen."

Womöglich will Ihr Partner dieses Buch nicht lesen und er weigert sich auch, überhaupt eine Strategie zu entwickeln, um das Beste aus Ihren Unterschieden zu machen. Aber Sie können auch erst einmal allein etwas in Gang setzen, indem Sie sich trotz aller Unterschiede die positiven Seiten des anderen vor Augen führen, Gott für alles danken und dem Partner Komplimente machen. Damit nehmen Sie auf jeden Fall Einfluss auf den anderen, und die Chancen stehen gar nicht so schlecht, dass Sie eines Tages den Winter hinter sich lassen. Eine Frau drückte es einmal so aus: „Nach allem, was in unserer Ehe passiert ist, hätte ich jedem eine Abfuhr erteilt, der mir prophezeit hätte, dass ich wieder Liebe für meinen Mann empfinden würde. Aber es ist tatsächlich so gekommen. Er hat mich um Vergebung gebeten und tut nun alles, um unsere Ehe zu retten. Ich hätte nie gedacht, dass dieser Tag kommen würde. Es ist jede Mühe wert! Und wenn wir noch ein wenig Zeit investieren, werden wir bald wieder den Sommer erleben." Geduld, Gebet und positive Einflussnahme ließen dieses Paar die Früchte seiner Bemühungen ernten.

Teil III

Vom Plan zur praktischen Anwendung

 |  |  |

Auf zu neuen Ufern!

Nun, da Sie die vier Jahreszeiten der Liebe kennen gelernt haben und in die sieben Strategien eingeführt worden sind, um das Beste aus diesen Jahreszeiten zu machen, möchte ich Sie ermutigen, sich einen konkreten Plan zu machen. Ich habe dieses Buch geschrieben, um Ihnen anhand eines anschaulichen Bildes die möglichen Zustände einer Ehe vor Augen zu führen. Nun möchte ich Ihnen noch ein paar praktische Tipps geben, die Ihnen helfen sollen, genau die Ehe zu führen, die Gott Ihnen eigentlich zugedacht hat.

Gott hat die Ehe ja nicht geschaffen, um uns zu quälen. Nach seinem Entwurf soll der Mann seine Frau lieben wie Christus die Gemeinde. In solch einem Klima wird es der Frau dann nicht schwer fallen, diese Liebe zu erwidern. Wenn also Mann und Frau nach dem göttlichen Entwurf leben, werden sie sich gegenseitig in Liebe unterordnen und alles daransetzen, für den anderen da zu sein. In solch einer liebevollen Partnerschaft werden sie das verwirklichen können, was Gott ihnen als Lebensziel und -zweck geschenkt hat.

Gott hat einen solchen guten Plan auch für Ihre Ehe. Warum mir dieses Buch so am Herzen liegt, hat einen ganz einfachen Grund: Ich habe miterlebt und erfahren, dass durch diese sieben Strategien zahllose Ehen der Kälte des Winters entflohen sind und die heitere Jahreszeit des Frühlings wieder genießen konnten. Und ich weiß, dass diese Strategien auch Ihnen helfen können. Aber zuvor müssen Sie das, was Sie gelernt haben, auch in die Tat umsetzen. Theoretisches Wissen nützt meist nicht viel, aber angewandtes Wissen ist Weisheit.

Ich gebe freimütig zu, dass auch meine Ehe mit Karolyn noch auf dem Weg ist – ja, auch noch nach 43 Jahren. Jede Ehe ist einem ständigen Wandel unterworfen. Niemand führt eine perfekte Ehe. Aber die beschriebenen Strategien werden Ihnen helfen, sich in die richtige Richtung auf den Weg zu machen.

Die Strategie 1 fordert Sie heraus, *die Fehler der Vergangenheit aufzuarbeiten*. Fehlverhalten allein wird noch keine Ehe zerstören, nur wenn es nicht bekannt wird und unvergeben bleibt, droht Gefahr.

Die Strategie 2 erinnert Sie daran, dass die *Einstellung* oft darüber ent-scheidet, ob es Winter bleibt oder Frühling wird. Eine negative, kriti-sche Haltung treibt in den Winter, wohingegen eine positive Grund-einstellung es Frühling und Sommer werden lässt, weil wir das Wohl des Partners im Auge haben.

Bei der Strategie 3 geht es darum, *die persönliche Liebessprache des Partners herauszufinden und anzuwenden.* Jeder Mensch hat eine tiefe Sehnsucht danach, geliebt zu werden. Wenn Sie dieses Bedürfnis Ihres Partners stillen, schaffen Sie ein Klima, das die Krokusse im Frühling ihrer Ehe sprießen lässt.

Die Strategie 4 lässt sie die *Kunst des empathischen Zuhörens* anwenden. Wenn Ihr Partner reden möchte, dann können Sie nichts Besseres tun, als ihm mit Interesse und Einfühlungsvermögen zuzuhören. Erst auf diese Weise werden Sie sich in Ihren Partner hineinversetzen können und seine Gefühle, Gedanken und Sehnsüchte kennen lernen. Einan-der verstehen bedeutet, dass die Vertrautheit wächst.

Mit der Strategie 5 entdecken Sie, *wie viel Freude es macht, den anderen zu fördern und ihm zum Erfolg zu verhelfen.* Kaum etwas ist befriedigen-der im Leben, als dem geliebten Menschen dazu zu verhelfen, seinen von Gott geschenkten Lebenssinn zu erfüllen. Wenden Sie diese Stra-tegie an, und Sie werden die Früchte des Erfolges gemeinsam genießen können.

Die Strategie 6 lehrt Sie, *das Beste aus Ihren Unterschieden zu machen.* Gott hat Mann und Frau mit Absicht so verschieden geschaffen. Er hatte dazu gute Gründe. Wenn es Ihnen gelingt, Gewinn aus diesen Unterschieden zu ziehen, werden Sie und Ihr Partner davon profitieren.

Mit der Strategie 7 lernen Sie die *Wirksamkeit der positiven Einfluss-nahme* kennen. Ihr Partner weigert sich vielleicht, dieses Buch zu lesen oder Strategien zur Verbesserung Ihrer Ehe zu diskutieren. Aber das heißt noch lange nicht, dass Sie klein beigeben müssen. Sie können zwar das Verhalten des Partners nicht unmittelbar bestimmen, aber Sie können sich vornehmen, durch Freundlichkeit auf ihn einzuwirken. Das wird Ihnen wahrscheinlich am besten gelingen, wenn Sie die Strategien 1 bis 6 konsequent anwenden.

Tun Sie den ersten Schritt: Bitten Sie Ihren Mann oder Ihre Frau, Teil I zu lesen, in dem die vier Jahreszeiten der Liebe beschrieben werden. Dann können Sie den Jahreszeitentest machen, wodurch Sie die Jahreszeit herausfinden, in der sich Ihre Ehe momentan befindet. Besprechen Sie die Ergebnisse und bringen Sie dabei zum Ausdruck, wie sehr Sie sich nach einer glücklichen Ehe sehnen. Ich wünsche Ihnen jedenfalls, dass Sie und möglichst auch Ihr Partner dieses Buch mit Gewinn gelesen haben. Nun können Sie ausführlich darüber diskutieren und schließlich alles in der Praxis anwenden. Wenn Sie das tun, werden Sie – da bin ich ganz sicher – das Beste aus Ihrer Ehe machen.

Häufig gestellte Fragen und Antworten zu den vier Jahreszeiten der Liebe

Frage

Ich wünsche mir eine glücklichere Ehe. Aber ich habe nur noch wenig Hoffnung. Mittlerweile habe ich auch die Strategie 7 angewendet und versucht, auf meinen Mann positiv einzuwirken. Aber nichts scheint sich zu ändern. Ich weiß nicht, ob es sich lohnt, noch weiter zu versuchen.

Antwort

Ich kann gut nachfühlen, dass Sie ans Aufgeben denken. Wenn alle Ihre Bemühungen auf Ablehnung oder Gleichgültigkeit stoßen, werden Sie irgendwann resignieren. Aber die Tatsache, dass Sie bislang gar keine oder nur zaghafte Veränderungen wahrgenommen haben, bedeutet tatsächlich noch nicht, dass Ihr Partner auch in Zukunft nicht willens ist, sich zu ändern. Wie Sie denken und sich ihm gegenüber verhalten, wirkt in jedem Fall auf Ihren Mann ein – ob Sie es merken oder nicht. Meine persönliche Erfahrung aus der Praxis lehrt, dass immer wieder auch viel Geduld erforderlich ist. Lassen Sie also nicht zu, dass die vorläufigen Misserfolge Sie davon abbringen, weiter an Ihrer Strategie zu arbeiten.

Manchem fällt es leichter, am Ball zu bleiben, wenn er sich von einer Gruppe motivieren lässt oder von einem Begleiter. So nehmen zum Beispiel Übergewichtige, denen das Abnehmen schwer fällt, an regelmäßigen Treffen teil. Durch die Solidarität in der Gruppe sind sie schließlich erfolgreich. Wenn auch Sie ähnliche Erfahrungen gemacht haben, könnten Sie dieses Buch mit einer guten Freundin zusammen durcharbeiten, die in einer ähnlichen Lage ist wie Sie. Treffen Sie sich regelmäßig, um sich über die sieben Strategien auszutauschen und über Ihre persönlichen Erfahrungen zu berichten. Der erste Schritt – sich nach Misserfolgen noch einmal aufzuraffen – ist meistens der schwerste. Aber jeder Versuch trägt das Potenzial des Erfolges in sich. Der Bauer, der nicht sät, wird ganz gewiss nicht ernten.

Frage

Wie soll ich mich verhalten, wenn eine gut gemeinte Aktion von mir „in die Hose" geht, der Partner genau das Gegenteil tut oder mein Tun als Manipulation empfindet?

Antwort

Am sichersten ist es wahrscheinlich, vorzubeugen. Bevor Sie etwas Neues ausprobieren, sollten Sie den Partner fragen, ob er dieses oder jenes als Bereicherung empfindet. Sie wollen beispielsweise die Strategie 1 anwenden und sich mit Fehlern der Vergangenheit auseinander setzen. Dann könnten Sie zum Partner sagen: „Ich habe über mein Leben nachgedacht, und mir ist klar geworden, dass ich bestimmt nicht der vollkommene Ehemann/die vollkommene Ehefrau bin. Ich weiß, dass ich auch eine Menge Fehler gemacht habe. Ich möchte sie mir bewusst machen und sie in Zukunft möglichst vermeiden. Ich möchte der Ehepartner sein, den du verdienst. Würdest du mir dabei helfen, meine Fehler zu erkennen, und mir Vorschläge machen, was ich tun könnte, um dir das Leben angenehmer zu machen?"

Vielleicht nimmt Sie der andere nicht ernst und entgegnet: „Hört sich an, als kämst du gerade aus der Kirche." Oder: „Hätte nicht gedacht, dass ausgerechnet du das fragst." Die unmittelbare Reaktion ist aber nicht so entscheidend. Wichtig ist vor allem, dass Sie den anderen wissen lassen, wie wichtig Ihnen die Ehe ist, jedenfalls wichtig genug, um sich mit Ihren eigenen Fehlern auseinander zu setzen und etwas ändern zu wollen. Dass Sie den Partner darüber informieren, kann verhindern, ihn mit Ihrer Initiative zu verunsichern.

Reagiert der andere trotzdem auf Ihre positiven Schritte mit Argwohn oder sagt er, dass er sich manipuliert fühlt, so ist es wichtig, sich zunächst einmal aufs empathische Zuhören zu beschränken. So könnten Sie fragen: „Aus welchen Gründen empfindest du das als Manipulation?" Hören Sie aufmerksam zu und haken Sie nach, wenn Ihnen etwas nicht klar ist. Sie könnten nachfragen: „Du hast also das Gefühl, dass ich dich unter Druck setze, wenn ...?" Ein offener Dialog hilft in vielen Fällen, den ursprünglichen Widerstand des Partners zu brechen.

Durch eine gute Gesprächsatmosphäre fällt es dem anderen leichter, wohlwollend auf Sie einzugehen. Weil es immer wieder vorkommt, dass der eine seine Initiative als liebevoll empfindet, während der andere das Gefühl hat, unter Druck gesetzt zu werden, ist die Strategie 3 so wichtig. Lernen Sie die Sprache der Liebe Ihres Partners sprechen. Damit vermeiden Sie Missverständnisse, und Sie bekommen darüber hinaus viel eher Zugang zu seinem Herzen.

Frage

Wenn das Vertrauensverhältnis schon beschädigt oder völlig zerstört ist, wo können mein Partner und ich dann wieder mit der Versöhnung beginnen?

Antwort

Die meisten Paare gehen mit einem beträchtlichen Vertrauensvorschuss in die Ehe. Ohne gegenseitiges Vertrauen hätten sie sich gewiss nicht für die Ehe entschieden. Das Vertrauen wächst weiter, bis einer (oder beide) es brechen. Aber das ursprüngliche Vertrauensverhältnis wird nicht automatisch wiederhergestellt, wenn der andere zerknirscht eingesteht: „Ich habe etwas falsch gemacht. Tut mir Leid. Verzeihst du mir?" Selbst ernst gemeinte Bekenntnisse, Reue und Vergebung bringen Vertrauen nicht so ohne weiteres zurück.

Ich vergleiche Vertrauen gern mit einem sehr empfindlichen Pflänzchen. Vertrauensbruch bedeutet, mit einem schweren Stiefel darauf zu treten. Gewiss wird es sich irgendwann wieder erholen, aufrichten und weiterwachsen, aber es dauert eine Weile. Wenn das Vertrauen ein weiteres Mal missbraucht wird, ist das so, als sei das Pflänzchen direkt über dem Boden abgerissen worden. Gewiss, die Wurzeln stecken noch im Boden, aber die Pflanze an sich ist zerstört. Es wird diesmal wesentlich länger dauern, bis aus der Wurzel wieder ein Stängel wächst. Die einzige nachhaltige Lösung besteht darin, zu beweisen, dass man wieder vertrauenswürdig ist und es bleiben will. Wenn Sie der Schuldige waren, bleibt Ihnen nichts weiter übrig, als über lange Zeit treu zu allem zu stehen, worauf der andere sich verlässt. Dann kann wie bei einer Pflanze das Grün zaghaft wieder zum Vorschein kommen.

Frage

Nach einem bekannten Spruch soll man schlafende Hunde nicht wecken. Wie überwindet man die Angst vor unerwarteten Entwicklungen, die oft lähmt und verhindert, dass sich etwas bewegt?

Antwort

Wir müssen uns damit abfinden! Veränderungen machen Angst, und dennoch sind sie unvermeidlich. Jeder Wandel birgt ein gewisses Risiko in sich, aber dass trifft auf das ganze Leben zu. Jede Fahrt mit dem Auto ist riskant, aber die meisten von uns nehmen das auf sich, weil die Alternative nicht akzeptabel ist.

Das alles trifft natürlich auch zu, wenn wir etwas an unserer Ehebeziehung verändern wollen. Dann riskieren wir, dass es zu Konflikten kommt. Es treten möglicherweise Gedanken und Gefühle zutage, die über Monate, wenn nicht Jahre, unter der Decke gehalten worden sind. Es könnte sein, dass wir Dinge hören, die uns gar nicht angenehm sind. Doch was ist die Alternative? Wenn wir den ersten Schritt gar nicht erst wagen, berauben wir uns selber der Möglichkeit, irgendetwas Positives zu erreichen.

Trotzdem, wenn wir Mut fassen und die sieben Strategien einsetzen, müssen wir mit Gegenwind rechnen, aber die Risiken sind minimal im Vergleich zu den Möglichkeiten.

Frage

Was ist, wenn die Verletzungen so tief sind, dass der Betreffende es nicht über sich bringt, sie anzusprechen, obgleich er hoch motiviert ist, die Ehe zu retten? Wie kann man über Abgründe reden, wenn es in einer Ehe ohnehin schon bitterkalt ist?

Antwort

Es ist tatsächlich so, dass manche Menschen derart in Tragödien ihrer eigenen Vergangenheit verstrickt sind, dass sie nicht die seelische Kraft aufbringen, irgendeinen konstruktiven Schritt zu tun. Sie lesen ein Buch wie dieses und wünschen sich nichts sehnlicher, als ihre Ehe zu retten, und dennoch sind sie wie erstarrt. Sie sind verunsichert, können keinen klaren Gedanken fassen, und die Resignation scheint näher zu liegen als jeder Versuch, sich aufzuraffen. Solche Menschen brauchen fast immer professionelle Hilfe von einem Seelsorger, Pastor oder reifen Freund. Jemand muss ihnen dabei helfen, das Gefühlschaos zu entwirren und einen Weg aus der Hoffnungslosigkeit zu weisen. Oft kann der gute Freund oder die Freundin selber nicht weiterhelfen. Aber er oder sie kann vielleicht auf einen Seelsorger oder Therapeuten hinweisen.

Frage

Ist es möglich, dass ein Ehepaar die Merkmale von gleich zwei Jahreszeiten bei sich entdeckt, und ist es dann immer die schlechtere Jahreszeit, die das Gesamtklima in einer Ehe bestimmt?

Antwort

Wie wir schon weiter oben feststellten, sind die Übergangszeiten zwischen Herbst und Winter beziehungsweise Frühling und Sommer nicht immer deutlich abzugrenzen. Dennoch bin ich der Überzeugung, dass die meisten Ehen recht eindeutig in eine einzige Jahreszeit passen. Wenn Sie sich tatsächlich einmal nicht ganz sicher sind, sagen Sie ruhig: Wir sind im Herbst/Winter oder Frühling/Sommer. Der Zweck dieses Buches ist es allerdings, Paare von einer weniger angenehmen in eine schönere Jahreszeit zu begleiten oder sich eine warme Jahreszeit zu erhalten. Wünschenswert ist immer ein kurzer Herbst oder Winter und ein langer Frühling oder Sommer. Ich denke, die Strategien im zweiten Teil dieses Buches werden Paaren helfen, dies zu erreichen.

Frage

Leben beide Partner immer in derselben Jahreszeit?

Antwort

Ich glaube, dass Paare prinzipiell in einer gemeinsamen Jahreszeit leben, auch wenn es vom Gefühl her anders sein sollte. Es sind mir tatsächlich im Zuge meiner Untersuchungen Paare begegnet, bei denen beide eine unterschiedliche Wahrnehmung bezüglich ihrer Jahreszeit hatten. Ich erinnere mich an einen Mann, der felsenfest davon überzeugt war, in einer Sommerehe zu leben. Er könne nicht glücklicher sein, meinte er. Seine Frau aber sah das anders: „Wir sind ganz sicher im Winter unserer Ehe. Ich fühle kein bisschen Nähe mehr zu meinem Mann." Obgleich es dieser Mann nicht wahrnahm, war seine Ehe tatsächlich im tiefsten Winter. Vielleicht wurden gerade noch alle seine Bedürfnisse gestillt, aber seine Frau war auf der Strecke geblieben. Meint ein Mann, die Ehe befände sich im Frühling, während die Frau sich im Sommer wähnt, so hat dieser Unterschied kaum Konsequenzen. Doch wenn ein Paar so weit auseinander driftet wie das erwähnte, dann muss ihre Beziehung im Winter feststecken.

Weil Mann und Frau häufig voneinander abweichende Erwartungen an die Ehe stellen, kann es natürlich passieren, dass sie die Qualität ihrer Beziehung sehr unterschiedlich wahrnehmen, und so kommen sie zu verschiedenen Bewertungen. Oft liegt die Wahrheit dann in der Mitte zwischen beiden. Wichtig ist nur, dass Sie im Gespräch bleiben. Dieses Buch wird helfen, die Bereitschaft dazu zu fördern. (Besonders der Jahreszeitentest am Ende des ersten Teils kann ganz konkret dazu anregen, gute Gespräche zu führen.)

Frage
Wenn ich eine dieser Strategien anwende und es funktioniert nicht, soll ich dann lieber auch die anderen bleiben lassen?

Antwort
Die Strategien, die ich in diesem Buch vorgestellt habe, müssen nicht in einer bestimmten Reihenfolge eingesetzt werden. Und es sind auch keine Aufgaben, die nacheinander zu erfüllen sind. Es geht vielmehr darum, verschiedene Aspekte einer positiven Grundeinstellung zur Ehe zu beachten und in der Praxis anzuwenden. Wenn wir uns zum Beispiel auf das Überwinden von Problemen konzentrieren und dabei auf Sieg setzen, so ist dies ein lebenslanges Projekt und nicht nur eine momentane Aktion, um unsere Ehe zu retten. Die Liebessprache des Partners sprechen ist auch kein taktisches Vorgehen zur Überwindung einer Krise. Es ist eine Lebensart, die sich auszahlt. Nicht nur zu Hause hat man etwas davon, wenn man es lernt, anderen einfühlend zuzuhören. Das kann man auch im Freundeskreis oder im Büro. Den Partner zu fördern und ihm zum Erfolg zu verhelfen ist eine lebenslange Aufgabe. Und erst wenn Sie das Beste aus Ihren Unterschieden machen, werden Sie und Ihr Partner die solidarische Gemeinschaft, die Sie doch sein wollen.

Es mag der erste entscheidende Schritt sein, wenn Sie einmal gründlich entrümpeln und die Fehler der Vergangenheit auf den Müllhaufen werfen. Aber es kommen natürlich ständig neue hinzu, und um die müssen Sie und Ihr Partner sich nun fortlaufend kümmern, damit sich nichts mehr auftürmt. Das Eingeständnis von Schuld und die Bitte um Vergebung müssen zum Lebensstil werden. Und auch die positive Einflussnahme auf den anderen wird in Zukunft ein ständiges Anliegen von Ihnen sein müssen. Es ist mein Gebet, dass dieses Buch Ihnen helfen wird, so oft wie möglich zum Guten auf Ihren Partner einzuwirken.

Diese Strategien wirken also nicht als Patentrezept, sondern sollen zu einem Sinneswandel führen, und wenn der sich bei Ihnen vollzieht, werden Sie ganz bestimmt in Zukunft mehr Zeit im Frühling oder Sommer verbringen.

Frage

Viele meiner Freunde sind im Herbst oder Winter ihrer Ehe. Was kann ich tun, um ihnen zu helfen?

Antwort

Das Anliegen, das Sie ansprechen, hat schon viele Paare motiviert, sich in der Eheseelsorge zu engagieren. Manche haben sogar einen Beruf daraus gemacht. Sie befassen sich dann mit den besonders schwierigen Fällen. Alle diese Seelsorger tragen maßgeblich dazu bei, dass immer wieder kranke Ehen gerettet werden können.

Nicht jedes Paar braucht jedoch gleich professionelle Hilfe, aber alle Verheirateten müssen sich um ihre Ehe kümmern und sollten sich zu diesem Zweck Anregungen von außen holen. Ehen wachsen und gedeihen entweder oder sie verkümmern. Entweder sie bewegen sich auf Frühling und Sommer zu – vielleicht auch nur noch tiefer in die jeweilige Jahreszeit hinein, oder sie streben dem Herbst und Winter zu. Von der Bereitschaft, sich Anregungen und Hilfe zu holen, kann viel abhängen – ob wir auf die Krokusse warten oder uns auf den ersten Schneesturm einstellen müssen.

Das ist auch der Grund, warum ich in den vergangenen Jahren mit so viel Engagement Ehebücher geschrieben und Eheseminare angeboten habe. Ich glaube, dass viele Ehen *noch* so gesund sind, dass es ausreicht, ein Buch zu lesen, um wieder Wachstum zu erleben. Andere lernen eher durch das gesprochene Wort. Für sie sind Konferenzen und

Eheseminare das geeignete Medium, um sich anregen zu lassen. Seit Jahren rate ich Paaren, mindestens einmal im Jahr ein Eheseminar zu besuchen und wenigstens ein Ehebuch gemeinsam zu lesen. Wenn sich diese Anregung durchsetzt, werden wir jedes Jahr Tausende von Ehen retten können.

Es macht mir Mut, wenn ich höre, dass überall in den Gemeinden und Glaubenswerken spezielle Kleingruppen gebildet und eheseelsorgerliche Aktivitäten in Gang gesetzt werden. Sich hier zu engagieren wird nicht nur Ihrer eigenen Ehe helfen, sondern Sie werden darüber hinaus in die Lage versetzt, anderen zur Seite zu stehen.

Wenn Paare, die den Frühling oder Sommer genießen, denjenigen beistehen, die im Herbst oder Winter leiden, werden wir die Qualität vieler Ehen anheben können. Ich wüsste nicht, was das Klima in unserer Gesellschaft deutlicher verbessern könnte als eine steigende Zahl intakter und glücklicher Ehen. Wenn Sie also daran arbeiten, die Qualität Ihrer Ehe zu verbessern, wirkt sich das nicht nur auf Ihr derzeitiges soziales Umfeld aus, sondern auch auf Ihre Kinder und Kindeskinder – auf spätere Generationen also. Das größte Geschenk, das Sie Ihren Mitmenschen machen können, ist das Vorbild einer heilen Ehe – einer Ehe, die das Allerbeste aus den vier Jahreszeiten der Liebe macht.

Die „Vier Jahreszeiten der Liebe" einmal anders

So wie sich die Natur draußen mit den Jahreszeiten ändert,
so wechselt auch das Klima, im Mikrokosmos unserer Ehe.
Immer wieder wird es Winter – jeder geht seiner Wege,
und Unzufriedenheit regiert. Dann kommt der Frühling,
hoffnungsvoll gehen wir aufeinander zu. Der Sommer bringt
Lebensfreude, aber der Herbst lässt nicht lange auf sich warten.

*Unterstützt von einer Fülle origineller Cartoons wird aufgezeigt, wie Sie
die Irritationen des Herbstes und die Entfremdung im Winter überwinden – bis wieder die Hoffnung des Frühlings und die Wärme des Sommers Ihre Ehe erfüllt.*

Die vier Jahreszeiten der Liebe
Hörbuch
ISBN 978-3-86122-809-7
CD, 70 min. Laufzeit

**Die vier Jahreszeiten der Liebe
für Wenig-Leser**
Mit Comics von Daniel Peter
ISBN 978-3-86122-858-5
64 Seiten, gebunden

Weitere Bestseller von Gary Chapman

Auf Dauer genügt es nicht, dem Partner unsere Liebe nur zu beteuern.
Unseren Worten müssen Taten folgen, damit der andere sich wirklich
geliebt fühlt. Doch das ist einfacher gesagt als getan. Wie oft haben
wir es schon versucht, und unser Partner war dennoch enttäuscht?
Häufig scheint nichts, was wir tun, gut genug zu sein.
Gary Chapman ist dem Geheimnis einer erfüllten Liebesbeziehung
auf die Schliche gekommen: Es kommt nicht darauf an, dem anderen
irgendeinen Liebesdienst zu erweisen, sondern den richtigen. Und er
hilft uns dabei, so schnell wie möglich herauszufinden, welcher das ist.
Denn wozu noch länger warten?

Die fünf Sprachen der Liebe –
Bildausgabe s/w
ISBN 978-3-86122-621-5
192 Seiten, Paperback

Die fünf Sprachen der Liebe –
Textausgabe
ISBN 978-3-86122-126-5
160 Seiten, Paperback

Die fünf Sprachen der Liebe –
Das Hörbuch
ISBN 978-3-86122-635-2
CD, 60 min. Laufzeit

Das Herzstück der
fünf Sprachen der Liebe
ISBN 978-3-86827-040-2
80 Seiten, gebunden

Gary Chapman/Ross Campbell
Die fünf Sprachen der Liebe für Kinder
ISBN 978-3-86122-335-1
192 Seiten, Paperback

Die ganze Liebe der Eltern gilt den Kindern. Doch wie kann man sicher sein, dass diese Liebe bei den Adressaten auch ankommt? Denn – was versteht ein Kind überhaupt unter Liebe? Mutter oder Vater können die Muttersprache der Liebe erlernen, die ihr Kind spricht. Hier sind die fünf verschiedenen Sprachen beschrieben, mit denen Eltern ins Herz ihrer Kinder vordringen können.

In Auszügen auch als Hörbuch erhältlich:

Gary Chapman/Ross Campbell
**Die fünf Sprachen der Liebe für Kinder
– Hörbuch**
ISBN 978-3-86122-745-8
CD, 74 Minuten

Die fünf Sprachen der Liebe für Teenager
ISBN 978-3-86122-488-4
256 Seiten, Paperback

Ihr Teenager braucht das Wissen, geliebt zu sein. Doch es ist gar nicht so leicht, Liebe zu vermitteln, denn jeder Mensch verbindet andere Gedanken und Gefühle mit diesem Begriff. Wie lauten also die Worte, die das Herz Ihres Teenies öffnen?

Gepräche der Liebe
für Familien
ISBN 978-3-86122-609-3
110 Seiten, Spiralbindung

Grundlage für eine gesunde Familie ist das offene und vertiefende Gespräch. Der beste Einstieg dafür sind Fragen – bei den Mahlzeiten, am Abend, kurz vor dem Schlafengehen, während einer längeren Autofahrt, in den Ferien usw. Gary Chapmans originelle Gedankenanstöße bringen den familiären Austausch mit buchstäblich spielerischer Leichtigkeit in Schwung.

Gespräche der Liebe
Was fasziniert Sie an Ihrem Partner, an Ihrer Partnerin, was inspiriert Sie? Jeweils einhundert und eine Frage öffnen neue Horizonte und führen ins Gespräch – über Erfahrungen, Erinnerungen, Hoffnungen, Sehnsüchte und Träume.

Gespräche der Liebe für Paare
ISBN 978-3-86122-608-6
110 Seiten, Spiralbindung

Noch mehr Gespräche der Liebe
für Paare
ISBN 978-3-86122-674-1
110 Seiten, Spiralbindung

**Die fünf Sprachen der Liebe
für Wenig-Leser**
Mit Comics von Daniel Peter
ISBN 3-86122-757-6
64 Seiten, gebunden

Immer wieder schicken Sie kleine Liebesbeweise auf die Reise, und
nie kommt einer so richtig bei Ihrem Partner an? Kann gut sein –
viele Wege führen nach Rom, doch nur fünf zum Herzen des
anderen. Hinein schafft es schließlich nur noch einer.
Welcher könnte das in Ihrem Fall sein?
Dieses Buch bringt es auf den Punkt. Buchstäblich:
Jeder Mensch hat seine eigene Sprache der Liebe.
Für alle, die kompakte Informationen schätzen, wird jede Liebessprache kurz vorgestellt und durch eine Fülle origineller Cartoons
hundertprozentig unverwechselbar gemacht. (Wäre ja auch zu schade,
wenn man die Zeit für ein Candlelight-Dinner opfert und sie eigentlich schon mit einem Küsschen zufrieden gewesen wäre ...)

**Wie viele Sprachen spricht dein Herz
– Geschenkband (4farbig)**
ISBN 978-3-86122-584-3
96 Seiten, gebunden

Liebe, die in eine Ehe mündet, ist eine Mitgift, von der wir eine Weile
zehren können. Doch Liebe für ein ganzes Leben braucht
Ankergründe tief im Herzen des Menschen – im Wissen, angenommen zu sein. Hier ist die Fibel, die uns dieses Wissen nahe bringt.
In stimmungsvollen Aufnahmen schildert sie uns die fünf Sprachen,
die im Reich der Herzen verstanden werden. Durchgehend mit
Farbfotos illustriert.

Streithähne & Turteltauben
ISBN 978-3-86827-041-9
96 Seiten, gebunden

In jeder Paarbeziehung gibt es Meinungsverschiedenheiten. Doch sie müssen nicht zwangsläufig zu gegenseitigen Verletzungen führen. Allzu oft ist es nicht das Ziel des Streitens, den Konflikt zu lösen, sondern den Streit zu gewinnen. Unglücklicherweise gibt es aber bei jedem Wettkampf auch einen Verlierer. Eine Partnerschaft funktioniert jedoch auf Dauer nur, wenn beide sich als Gewinner fühlen. Doch wie kommt man zu solchen „win-win-Situationen"? Gary Chapman verrät Ihnen, wie Sie Konflikte so lösen können, dass Ihre Beziehung dadurch gestärkt wird. Mit seiner Hilfe werden selbst aus den erbittertsten Streithähnen bald wieder Turteltauben.

Tonartwechsel in der Ehe
ISBN 978-3-86827-000-6
96 Seiten, gebunden

Ob Morgenmuffel oder Meckertante – was sich durch die rosarote Brille der ersten Liebe wie ein liebenswürdiger Tick ausnimmt, verwandelt sich mit den Ehejahren häufig in eine unerträgliche Marotte. Doch Sie haben die Möglichkeit, einen Tonartwechsel in Ihrer Ehe herbeizuführen! Ob Sie aus der Vergebung leben, die Liebessprache des anderen lernen oder ihn auf dem Weg der Veränderung unterstützen – Dr. Chapman zeigt Ihnen, wie Sie die Vorzeichen in Ihrer Ehe ändern und von einem melancholischen Moll in ein fröhliches Dur wechseln können.

Unsere Ehe –
Spiegel seiner Liebe
ISBN 3-86122-708-8
256 Seiten, gebunden

Egal, ob Sie eine liebevolle Beziehung genießen oder eine Ehe führen, die nur durch den Druck der Verhältnisse zusammengehalten wird, ob Sie Ihre Liebe vertiefen oder erst mal nur das Überleben sichern wollen – die Schlüssel zu beidem liegen in den zwei Herzkammern jeder Partnerschaft: im Bereich der Kommunikation und im Bereich der Intimität. Denn wie könnten Mann und Frau besser zu einem Fleisch werden als durch den Austausch von Gedanken und Gesten?
Doch inwieweit bin ich selbst überhaupt bereit, meinen Körper, meine Gefühle, meinen Geist und meinen Glauben rückhaltlos in meine Ehe einzubringen?
Dr. Gary Chapman führt uns an die neuralgischen Punkte, die über Glück oder Unglück unseres Ehelebens entscheiden. Schritt für Schritt geht er mit uns die Riegel ab, die uns hindern, die Türen unseres Herzens weit offen zu halten für die beiden wichtisten Beziehungen in unserem Leben: die Liebe zu unserem Partner und die Liebe zu unserem Schöpfer.

Fitnesstraining für die Ehe
Ein Arbeitsbuch für Paare
und Kleingruppen
ISBN 978-3-86122-961-2
160 Seitenn, Paperback

Die Ehe ist die intimste Verbindung, die zwei Menschen miteinander
eingehen können. Diese Erfahrung jedoch bleibt für viele Paare ein
Traumziel. Für Sie aber muss dieses Ziel kein Traum bleiben!
Weitaus mehr als ein trockenes Studienbuch, öffnet Ihnen
„Fitnesstraining für die Ehe" zunächst die Türen zu einem erfüllten
Leben in enger Verbindung mit Gott. Und in dem Maß,
wie diese Beziehung sich vertieft, werden Sie auch Ihre Ehe
voranbringen, indem Sie lernen ...

- zu verstehen und Verständnis zu suchen,
- Liebe auszudrücken,
- mit Ärger umzugehen,
- Konflikte zu lösen.

Superpraktisch: Mit zahlreichen Fragen, Bibelstellen zum Selbststudi-
um, Gesprächsanstößen, Übungsaufgaben, Merkversen, Persönlich-
keitstests und „Lernerfolgskontrollen".

Mit der Kraft der Liebe
90 Andachten für Menschen,
die über sich hinauswachsen wollen
ISBN 978-3-86827-116-4
208 Seiten, gebunden

Wodurch zeichnet sich ein liebenswürdiger Mensch aus?

- Hilfsbereitschaft
- Geduld
- Vergebungsbereitschaft
- Freundlichkeit
- Demut
- Großzügigkeit
- Aufrichtigkeit

Entdecken Sie mit Gary Chapman, wie Sie ein Mensch werden können, der für andere da ist und durch die Liebe, die er verschenkt, die Welt verändert. In 90 kurzen Andachten zeigt der Erfolgsautor auf, wie die Liebe auch Ihren Alltag erobern kann. Lesen Sie die Texte für sich oder mit Ihrem Partner und Sie werden erleben, wie sich Ihr Leben und das anderer verändert.
Die Liebe macht den Unterschied.